ÉTUDE HISTORIQUE ET CRITIQUE

DU

COMMUNISME

QUESTIONS SOCIALES

ÉTUDE
HISTORIQUE ET CRITIQUE
DU
COMMUNISME

CONFÉRENCES FAITES
AU GRAND ORIENT DE FRANCE

PARIS
IMPRIMERIE DE J. CLAYE
RUE SAINT-BENOIT
—
1873

INTRODUCTION.

En recueillant les notes éparses qui m'ont servi de documents pour ces deux conférences, j'ai pu former un ensemble qui me paraît une analyse rapide des idées et des doctrines communistes.

J'ai crayonné, à grands traits, à travers l'histoire et les diverses civilisations du monde, les points qui m'ont paru intéresser le plus mon sujet. Limité par la nécessité de ne point abuser de l'attention de mes auditeurs, j'ai dû ne pas trop m'étendre sur les points de discussion ou de critique, en indiquant toutefois mon opinion personnelle sur tous les systèmes présentés ; je livre aujourd'hui au public le résultat de mes études, de mon expérience et de mes réflexions. Si ce petit travail pouvait servir de thèse et de jalon à une discussion approfondie des théories socialistes, je m'applaudirais beaucoup de mon initiative.

Je suis profondément convaincu que la raison et le bon sens doivent fournir par la liberté une solution naturelle à tous les problèmes sociaux. Je crois que c'est faire œuvre de bon citoyen d'étudier et de mettre à nu toutes ces théories si conspuées des uns, si exaltées des autres. Le moyen pratique de convaincre n'est point de proscrire l'étude de ces doctrines, mais bien de les livrer à une juste discussion, sans passion ni parti pris, qui puisse montrer leurs mérites ou leurs principaux défauts.

C. ARMAND.

Paris, 12 février 1870.

ÉTUDE
HISTORIQUE ET CRITIQUE
SUR LE
COMMUNISME

CONFÉRENCE DU 25 NOVEMBRE 1869

I.

Messieurs,

L'idée du communisme se trouve confusément mêlée à la société théocratique de l'ancienne Égypte. Le peuple formait un vaste troupeau ; il vivait autour d'une communauté religieuse, au profit de laquelle il défrichait les terres. Les prêtres d'Isis, mandataires de Dieu, prélevaient l'impôt de la nation, qu'ils répartissaient ensuite au gré de leurs caprices, après s'être réservé la part de leurs besoins et de leur convoitise. Cette forme primordiale d'organisation politique laissait aux prêtres tout pouvoir sur le peuple ; mais ils durent bientôt abandonner une partie de leur autorité au profit d'une puissance militaire (*royauté*) qu'ils furent forcés de reconnaître. Ils renoncèrent alors au territoire, qui fut divisé militairement. Il se fonda ainsi un régime féodal héréditaire, assez semblable à celui que la Révolution a détruit en France en 1789. Cependant les formes de ce communisme théocratique de l'ancienne Égypte sont loin d'être celles qui représentent l'idée du communisme proprement dit ; c'est plutôt un mode de transition de l'état sauvage à l'état social que l'application d'un véritable système social et politique.

Il faut, pour rencontrer les premières applications du communisme, arriver jusqu'en Grèce, où elles furent mises en pratique, en Crète par Minos, et à Sparte par Lycurgue.

Le législateur crétois acquit de son temps une telle réputation de sagesse, que les générations suivantes lui votèrent une magistrature perpétuelle aux enfers. Minos institua la vie commune pour les citoyens crétois. C'était le complet âge d'or, sans préoccupation, travail, ni pensée. Les magistrats, du nom de *cosmes*, prélevaient sur la classe agricole des esclaves (*pœrieces*) une subvention de grains, de bestiaux et d'argent, et employaient cet impôt à entretenir le culte des dieux et à fournir aux dépenses publiques et privées des citoyens.

Ceux-ci vivaient dans la plus grande oisiveté,

dans la promiscuité la plus absolue, ne cultivant qu'un seul art, celui de la guerre.

Aristote, dans sa *Politique*, passe en revue la législation crétoise. Il raconte que le seul moyen laissé aux citoyens pour combattre la domination arbitraire des *cosmes* est d'organiser une insurrection contre eux par la voie des armes jusqu'à ce qu'ils donnent leur démission. « C'est, ajoute le grand penseur, un moyen qui n'est pas politique, et qui surtout n'est pas digne d'une république, mais bien de la plus odieuse tyrannie, puisqu'il consiste à diviser les citoyens, et à faire couler leur sang dans des luttes fratricides. »

Les lois de Minos n'ont pu être retrouvées dans leur texte, et c'est en vain qu'en 1793 Hérault de Séchelles, rapporteur devant la Convention de la loi constitutionnelle, voulut les consulter. Aucun bibliothécaire du temps ne put les lui fournir.

La législation de Lycurgue à Lacédémone a l'avantage d'être plus connue, et Plutarque, dans son admiration pour ce législateur, l'a classé parmi les grands hommes dont il a entrepris d'écrire l'histoire. Il y a de l'élévation et de la grandeur dans l'idée lycurguienne. Elle tente de résoudre le problème de l'inégalité sociale et de mettre ainsi un terme aux dissensions perpétuelles qui séparent les pauvres des riches ; mais il y a encore, et surtout, l'idée d'affranchir la république de toute agression voisine, en créant une classe militaire de citoyens aussi énergiques de corps que d'esprit ; et ceci par horreur pour la servitude, qui, suivant la loi de l'antiquité, devait être imposée aux vaincus.

Lycurgue, au dire de Plutarque, réunit quelques citoyens influents, il leur communiqua ses idées. Avec leur concours, il envahit en armes la place publique, et imposa d'un seul coup, par l'énergie de son attitude, ses plans de régénération. Il publia alors sa constitution, qui peut se résumer en ces trois articles principaux :

Art. I. — Le territoire de la république est divisé en autant de parties qu'il y a de têtes de citoyens.

Art. II. — L'usage des monnaies d'or et d'argent est aboli.

Art. III. — Les repas seront pris en commun.

Le soin de la culture, de l'industrie et du commerce était laissé aux ilotes, qui constituaient une classe d'hommes en servitude et qui avaient au-dessous d'eux les esclaves proprement dits, ceux-ci étant compris et désignés parmi les choses.

Nous ne pouvons apprécier les moyens de contrôle employés dans cette *aristocratie* communiste pour maintenir égal chaque lot de propriété individuelle ; nous savons seulement que le citoyen était forcé de verser au trésor le maximum de la production de sa fortune dépassant un chiffre déterminé. Ces versements étaient reportés par les soins des magistrats (*éphores*) sur les têtes moins favorisées. Enfin chacun fournissait une part en nature aux repas communs, préparés et servis par les ilotes et les esclaves.

Voulant avant tout créer une classe de guerriers éprouvés, Lycurgue introduisit dans sa constitution des lois propres à faire des hommes endurcis à toutes les fatigues corporelles et élevés dans le mépris de la mort. Il chercha à détruire toute idée de sentiment, pour arriver jusqu'à l'énergie la plus sauvage. Chacun sait la férocité et le stoïcisme du Spartiate, et la légende classique nous fournit à ce sujet plusieurs traits qui répugnent aujourd'hui à la douceur de nos mœurs sociales.

L'exagération de ce système nous paraît plus choquante encore en ce qui touche le sexe féminin. La femme était traitée en cavale et accouplée, suivant sa conformation ou son tempérament, à tel individu qui paraissait devoir obtenir d'elle un meilleur produit. Ce qu'il fallait avant tout pour le service de l'État, c'était des citoyens musclés et robustes, issus d'un sang vigoureux, capables de repousser les agressions d'un peuple voisin, plus nombreux ou plus fort, qui voudrait l'asservir. L'éducation avait lieu en commun, dans de vastes gymnases où les luttes, le pugilat et tous les exercices du corps étaient pratiqués d'après les règles d'un système complet qui offre beaucoup d'analogie avec l'entraînement employé de nos jours pour ce qu'on est convenu d'appeler l'amélioration de la race chevaline, un engouement moderne qui a créé pour notre société un nouveau vice : *les courses.*

Les lois de Lycurgue se maintinrent dans toute leur rigueur à Lacédémone pendant plusieurs siècles. Cette circonstance de durée est une de celles qui les ont le plus recommandées à l'admiration des générations postérieures. Et cependant, lorsqu'on examine froidement cette constitution appliquée à un État qui, au dire du conventionnel Vergniaud, n'avait pas en superficie la moitié d'un de nos arrondissements de France, on est vraiment surpris de cette admiration posthume.

La constitution divisait la population en trois classes : 1° Celle de l'aristocratie communiste, comprenant les citoyens proprement dits et possédant les biens, incarnant en elle la paresse, l'orgueil et la fureur guerrière, qui sont le propre de toutes les aristocraties; 2° une classe d'hommes en servitude, exerçant les arts industriels et commerciaux, enrichissant la première classe sans jamais pouvoir s'enrichir à son tour ; 3° enfin une classe d'esclaves confondus avec les choses mobilières et formant le dessous social.

Telles sont les divisions adoptées par ces petits États esclavagistes et guerriers, dont les institutions ont été si vantées et que je trouve, pour ma part, si contraires à ce que proclame aujourd'hui la véritable démocratie.

Quoi qu'il en soit, Sparte était encore gouvernée par les lois de Lycurgue lorsque Platon écrivit à Athènes ses deux livres de *la République* et des *Lois*. Doué d'une nature éminemment douce et aimante, le disciple de Socrate songea à établir des principes politiques et sociaux exclusivement basés sur l'idée du juste et de l'injuste. Son Dieu, c'est le bonheur public et privé; le meilleur moyen de l'obtenir est l'application sincère de la loi de justice. Il pense qu'à la vertu est attaché le bonheur, et que le malheur suit fatalement le vice. Cette loi, si elle n'est pas toujours appliquée en cette vie, doit trouver une sanction suprême dans une autre existence, et cette pensée fournit à son vaste esprit la thèse de son dernier livre de *la République* sur *l'Immortalité de l'âme*. Mais les idées de Platon s'arrêtent à l'esclavage, et quelque élevée que paraisse sa philosophie, elle est encore empreinte de tout le caractère païen, qui admettait la servitude.

Ce principe de l'esclavage posé, Platon aborde la question sociale relative aux hommes libres. Il se demande quels sont les fondements de toute société humaine. Ce sont, dit-il, les besoins de l'homme, les besoins matériels d'abord, et, en second lieu, les besoins intellectuels et moraux. Et comme chacun est dans l'impuissance de se procurer par lui-même la satisfaction de tous ses *besoins*, les hommes sont amenés à se réunir en société pour mettre en commun les différents services qu'ils peuvent se rendre entre eux et qui profitent ainsi à tous. Cette idée le conduit tout droit au communisme. Une fois dans cette voie, Platon y apporte la logique la plus rigoureuse. Maintenant la nécessité de l'esclavage, il divise son État en trois classes : deux de citoyens et une de mercenaires. La première classe comprend les magistrats, la deuxième, les guerriers, et la troisième, les mercenaires proprement dits.

Les deux premières classes appellent seules son attention, le bonheur de la troisième ne pouvant en rien augmenter la grandeur de l'État. Le corps des guerriers est composé de mille membres seulement. Il doit toujours être sous les armes, vivre dans les camps, être prêt à s'opposer aux atteintes à la constitution intérieure et aux agressions des peuples voisins. Comme Lycurgue, Platon veut une armée défensive redoutable. Il s'étend longuement sur l'éducation qui doit former les défenseurs de la patrie. Il veut que leurs corps soient fortifiés par les exercices du gymnase, que leurs âmes soient habituées au mépris de la mort, mais il veut également adoucir leurs cœurs par l'influence des mélodies musicales. Chez lui, la musique et le rythme trouvent une très-large place ; c'est ainsi qu'il entend tempérer la vie trop dure imposée par la brutalité du régime militaire. Les repas, comme à Sparte, doivent être pris en commun; mais au lieu du *brouet noir* on servira aux citoyens une nourriture agréable, qui sera prise au son de la musique. Les monnaies d'or et d'argent ne doivent jamais souiller de leur contact les mains des magistrats ni des guerriers; toutefois Aristote, commentateur de Platon, fait observer que cette interdiction n'est point étendue aux mercenaires, puisque c'était par l'impôt prélevé sur eux qu'était entretenu le communisme national de l'État.

Au point de vue de la famille, Platon est un des philosophes qui se sont montrés le plus opiniâtrement opposés à sa constitution, comme attentatoire aux besoins de l'État. Les femmes sont mariées chaque année à un homme différent, que le sort ou les magistrats désignent. La fidélité conjugale doit être strictement observée pendant ces unions passagères. Mais il est bon de remarquer que cette dernière obligation n'est imposée qu'en vue d'obtenir un meilleur enfantement et ne repose en rien sur les idées de morale, de pudeur et de chasteté. Les enfants sont recueillis par l'État lorsqu'ils sont dignes d'être reçus par lui, c'est-à-dire lorsqu'ils sont nés bien conformés et dans les conditions de l'accouplement légal; les autres sont immédiatement mis à mort. Le philosophe est toujours exclusivement préoccupé de la pensée de défendre son État contre les ambitions de ses voisins. Il arrive ainsi, par la nécessité d'élever avant tout des guerriers, à supprimer la famille et ses droits, et à substituer à l'éducation du père et de la mère une éducation commune sous la surveillance des magistrats.

Mais la grande faiblesse de toutes ces institutions anciennes est de s'être toujours restreinte à un petit nombre d'élus. Les Grecs n'ont jamais eu la pensée d'étendre le bienfait de leur philosophie à l'humanité tout entière. Ils se sont réunis par petits groupes et se sont fortifiés jusqu'à la plus sauvage énergie dans l'unique but de n'être point envahis par leurs voisins, qui, selon la loi du vainqueur, les auraient eux-mêmes réduits en esclavage.

Cette grande plaie des sociétés anciennes, qu'aucun législateur n'eut le courage d'abolir, qu'aucun philosophe n'osa flétrir, reste la grande cause des différences de civilisation dans l'antiquité et dans les temps modernes. De l'esclavage sont nées toutes les oppressions, toutes les tyrannies qui se sont perpétuées à travers les siècles en laissant dans tous les esprits des préjugés tellement enracinés, qu'il a fallu l'énergie révolutionnaire d'un Lincoln pour en débarrasser de nos jours la société républicaine de l'Amérique.

L'esclavage trouva cependant à Rome des ennemis acharnés et y suscita de glorieuses révolutions.

L'esclave Spartacus parvint, en l'an 73 avant l'ère vulgaire, à soulever dans l'Étrurie des bandes esclavagistes qui tinrent en échec pendant deux ans la république patricienne. Les historiens romains font de grands éloges du courage de ces illustres vaincus, et ils méritent en tout point d'avoir, de nos jours, leurs noms gravés parmi ceux des héros de l'humanité.

Rome n'a jamais été tentée, comme les Républiques de la Grèce, de faire l'essai d'un système communiste. Chez elle, au contraire, le principe de la propriété est sacré, placé sous la protection immédiate de la loi.

Cependant, dans cette société de patriciens et de plèbe, il y avait une partie du territoire, « Sol Sacré » ou « *Ager Romanus* », dont les patriciens s'étaient emparés et dont ils conservaient la possession sans payer de redevance ; la plèbe en demanda souvent le partage. Ce champ sacré, terre de la conquête où Romulus avait planté ses tentes victorieuses, qui s'était accru des conquêtes de ses successeurs et des libéralités du roi Attale envers le peuple romain, ne pouvait en principe être aliéné, et appartenait au peuple. Les citoyens de Rome eurent seuls d'abord le droit d'en jouir. Les rois ne tardèrent pas cependant à en diviser la possession parmi les *gentes* patriciennes, à l'exclusion des plébéiens. Plus tard, lorsque le Sol Sacré s'agrandit encore par les conquêtes de la République, il devint « *Ager Publicus* », et fut affermé au profit de l'État par la caste patricienne et par les familles sénatoriales riches et puissantes. L'exclusion des plébéiens à ce droit de possession fut le perpétuel sujet de toutes les lois agraires, qui ont été de nos jours entièrement méconnues, puisqu'on les représente comme *attentatoires à la propriété privée*.

Déjà, sous Servius Tullius, le roi de la plèbe, une partie de ce territoire avait été attribuée aux plébéiens, mais ceux-ci n'avaient pu la conserver. Un tribun du peuple, C. Licinius Stolo, fit adopter, en 387 de Rome, une loi agraire connue sous son nom de *loi Licinia*, qui interdisait la possession de plus de 500 arpents de l'*Ager Romanus* par tête de citoyen. Mais le tribun fut le premier à transgresser la loi qu'il avait édictée lui-même, et les anciens accaparements de la classe patricienne se renouvelèrent immédiatement sur tout le territoire de l'*Ager Publicus*. Le mal était à son comble en 621 de Rome, lorsque le premier des Gracques, Tibérius Sempronius Gracchus, reprit, comme tribun du peuple, l'œuvre tentée par Licinius, et fit promulguer à son tour la loi *Sempronia*. Nul père de famille ne pourrait posséder pour lui plus de 500 arpents de l'*Ager Publicus* et de 250 pour chaque enfant ; les détenteurs actuels, qui possédaient plus que le maximum, seraient dépossédés après juste et préalable indemnité fournie par le trésor public. Tous les citoyens, sans distinction de caste, étaient alors admis à concourir à la possession, à la charge, par eux, de payer les redevances annuelles à l'État. Mais la réaction aristocratique ne permit pas à Tibérius Gracchus d'achever son œuvre de partage. Il tomba sous le poignard des assassins, et son œuvre de revendication resta inaccomplie.

Onze ans après, Caïus Gracchus, son frère, arriva au tribunat. Celui-ci, doué d'une chaleureuse éloquence, excité par une soif énorme de vengeance, reprit, avec l'autorité de son talent et de sa dignité, l'exécution de la loi Sempronia. Mais il périt à son tour dans une émeute suscitée par ses ennemis, et, malgré les nombreuses séditions qui suivirent le glorieux trépas des Gracques, les plébéiens romains ne purent jamais jouir du bienfait d'une seule loi agraire. A quelque temps de là commencèrent les querelles de partis : les patriciens contre les chevaliers, et ceux-ci contre les affranchis. Et comme la propriété mobilière s'était accumulée entre les mains d'une nouvelle classe, celle des enrichis, ceux-ci devinrent les patrons du peuple, et fournirent à leurs clients les moyens de vivre sans travail par des distributions gratuites. Ils arrivèrent ainsi à former cette race de plèbe insouciante et dépourvue de sens moral qui se laissa ravir toutes ses libertés par les Césars, et vécut au jour le jour de pain et de spectacles qui lui étaient gratuitement fournis (*panem et circenses*). Il faut pourtant noter, à la gloire de Rome, que les idées de ses philosophes sur l'esclavage furent de tout temps beaucoup plus élevées que celles des philosophes grecs. Et même sous les Empereurs, après que tout principe de dignité humaine eut complétement abandonné une partie de la population, les préteurs, nouveaux interprètes de la loi, purent proclamer, dans une définition légale de l'esclavage, que la propriété de l'esclave était contraire aux sentiments de la nature.

II.

Pendant les luttes et les convulsions du vieux monde, au milieu du choc des idées sociales contre le principe de la servitude; à côté de la civilisation trop vantée, suivant moi, des petits gouvernements de la Grèce; à côté de la grandeur conquérante de la république romaine qui portait ses armes victorieuses jusqu'au fond de l'Asie, après avoir soumis une partie de l'Europe et de l'Afrique, il naissait en Judée un esprit immense, philosophe et novateur, imbu d'un sentiment humanitaire profond, dont le premier cri fut de prêcher l'égalité de l'homme et de condamner odieusement l'esclavage. Cet homme prêcha et enseigna, sous les formes confuses et paraboliques de l'Orient, une doctrine philosophique que ses sectaires allaient bientôt ériger en religion. Jésus, dans ses prédications personnelles, n'a jamais parlé de communisme. Il reconnaît l'idée de la propriété, mais il pousse bien loin ses théories socialistes et révolutionnaires. Il s'entoure de parias, pauvres pêcheurs du lac de Génézareth, qu'il initie à ses idées de réforme humanitaire et qu'il enflamme au souffle de son éloquence. Il proclame l'égalité de tous les hommes et l'abolition de l'esclavage; à la dépravation païenne il oppose l'exemple du célibat; à l'avarice des riches, le mépris des richesses; à l'égoïsme de la famille, l'idée du dévouement pour le bien public. Il institue enfin la juste exaltation de la pauvreté vertueuse et la déchéance de l'opulence pharisienne (*Deposuit potentes de sede, et exaltavit humiles*).

Novateur politique et social, révolutionnaire ardent, il paya de sa vie sa foi inébranlable en sa conviction pour le bien; et après sa mort glorieuse, ceux qu'il avait captivés par la raison et par le cœur divinisèrent son être et répandirent partout ses doctrines morales et philosophiques, sous le titre de : *Religion révélée par le Christ ou fils de Dieu*. Il se forma alors en Judée une société d'hommes affiliés aux nouvelles doctrines, qui se réunit sous l'autorité d'un des apôtres nommé Pierre.

Voici comment s'exprime l'Évangile sur les premiers temps de cette société de frères, *Actes des Apôtres*, chap. V, vers. 32 à 35.

« Or la multitude de ceux qui croyaient n'avait qu'un cœur et qu'une âme, et nul ne disait, d'aucune des choses qu'il possédait, qu'elle fût à lui ; mais toutes choses étaient communes entre eux.

« Aussi, les Apôtres rendaient témoignage avec une grande force à la résurrection du Seigneur Jésus ; et une grande grâce était sur eux tous.

« Car il n'y avait entre eux aucune personne nécessiteuse, parce que tous ceux qui possédaient des champs et des maisons les vendaient, et ils apportaient le prix des choses vendues.

« Et ils les mettaient aux pieds des apôtres, et il était distribué à chacun selon qu'il avait besoin. »

Après ce délicieux tableau de la vie fraternelle de cette jeune société, électrisée par le puissant génie qui venait de la créer, l'Évangile nous garde une singulière surprise. C'est l'histoire tragique et lamentable des malheureux Ananias et Saphira.

L'Évangile continue, chap. v.

« Or, un homme nommé Ananie, avec sa femme Saphira, vendit un champ ;

« Et sa femme le sachant, il retint une partie du prix, et apporta l'autre, et la mit aux pieds des apôtres.

« Mais Pierre dit : Ananie, comment Satan a-t-il tenté votre cœur jusqu'à vous faire mentir au Saint-Esprit et tromper sur le prix du champ?

« Si vous l'aviez voulu garder, n'était-il pas toujours à vous? Et, vendu, le prix n'était-il pas encore à vous? Pourquoi donc avez vous formé ce dessein dans votre cœur? Vous n'avez pas menti aux hommes, mais à Dieu.

« Or, Ananie, ayant ouï ces paroles, tomba et expira; et une grande crainte se répandit sur tous ceux qui apprirent cette mort;

« Et des jeunes gens, se levant, l'emportèrent et l'ensevelirent.

« Or, il arriva, trois heures après, que sa femme, ne sachant ce qui s'était passé, entra.

« Et Pierre lui dit : Femme, dites-moi, n'avez-vous vendu le champ que ce prix-là? Et elle dit : Oui.

« Or, Pierre lui dit : Pourquoi vous êtes-vous accordés ensemble pour tenter l'Esprit du Seigneur? Voici à la porte les pieds de ceux qui ont enseveli votre mari, et ils vous emporteront.

« Et aussitôt elle tomba à ses pieds et elle expira. Et quand les jeunes gens furent entrés, ils la trouvèrent morte et l'emportèrent, et l'ensevelirent auprès de son mari.

« Et une grande crainte se répandit sur toute l'Église et sur tous ceux qui entendirent parler de cet événement. »

Voilà, messieurs, un fait mystérieux qu'il ne nous est point permis d'apprécier. Et depuis, combien d'horribles attentats sont sortis du fanatisme coupable de cette religion déviée des idées de son fondateur ! Et lorsque nous voyons aujourd'hui l'antique capitale du monde, la grande cité des Catons, des Brutus et des Thraséa, être, malgré tous les droits sociaux, sous la servitude aveugle d'un pouvoir religieux couvrant de ses anathèmes tout ce qui représente l'honnêteté de la conviction, la liberté de la pensée, ne devons-nous pas regretter qu'il soit réservé à nos armes le triste privilége de le soutenir ?

Je suis loin de méconnaître les bienfaits de la philosophie chrétienne, je n'ai garde de les contester. C'est une des convictions les plus ardentes de ma vie que les doctrines primitives du philosophe Jésus pouvaient et devaient régénérer l'humanité. Comparées aux doctrines du paganisme, les idées chrétiennes créaient l'égalité des hommes devant un seul Dieu créateur, et réglaient les rapports de cet être suprême avec les hommes par des formes plus élevées que celles que pratiquait l'époque où elles étaient produites. Instituée en *religion*, la philosophie chrétienne perdit son élévation et sa grandeur, et devint un moyen vulgaire de gouvernement et d'oppression.

C'est ainsi qu'après avoir planté la croix au-dessus de Rome, de Byzance et de la plus grande partie du continent européen, le fanatisme catholique créa pendant les siècles du moyen âge un obscurantisme théocratique et guerrier qui révèle la profonde déviation qu'avaient déjà subie les idées de Jésus. Le pouvoir divin, primant le pouvoir civil, fit à Rome un Pape *s'intitulant chef du monde entier,* et envoyant au gré de son caprice ses ordres et ses anathèmes aux princes obligés de les subir. Toute la vie sociale, tout le travail intellectuel fut anéanti sous l'oppression des idées religieuses. Il se créa des ordres monastiques vivant en dehors de la société et aux dépens d'elle, et partageant avec les seigneurs féodaux le triste privilége de la suzeraineté sur le peuple. Je sais bien que quelques-unes de ces communautés ont défriché des terres, que d'autres ont exercé l'hospitalité, que c'est aux Franciscains et aux Dominicains que nous devons la conservation de quelques-uns des trésors littéraires de l'antiquité ; mais ces moines détenteurs de la science se sont servis de leur supériorité, non pour en répandre les bienfaits, mais pour assurer à leur égoïsme un moyen plus certain de domination.

Alors nous voyons l'Europe se peupler de couvents, qui devinrent bientôt de riches domaines et attirèrent à l'envi, par les priviléges dont ils jouirent, les convoitises basses d'un clergé intrigant, qui, sous l'hypocrite manteau d'une religion de convention, donna souvent l'exemple des plus grands vices.

III.

Le xvie siècle, celui de la renaissance des lettres et des arts, devait produire dans l'état religieux de l'Europe d'importantes modifications. Déjà Luther et Calvin sont nés et l'exemple de la cour de Rome, où un Médicis ne peut réussir à cacher sous son insultante splendeur les crimes des Borgia, amène de toutes parts des défections religieuses, qui ont formé les diverses sectes protestantes de l'Europe. C'est à cette époque qu'un gentilhomme espagnol, Ignace de Loyola, blessé au siége de Pampelune, arraché par sa blessure à la carrière militaire, songea à fonder une société religieuse exclusivement basée sur l'obéissance passive, et dont la mission spéciale devait être de répandre la foi de Rome, et d'entraver les progrès de ce qu'on appelait l'*hérésie*. Cet ordre de religieux spéciaux, qui avait ses *Monita secreta* et devait obéir *perinde ac cadaver*, ne tarda pas à acquérir dès le xviie siècle une grande puissance. Repoussés de la société chrétienne par les bulles d'un pape du xviiie siècle, les Jésuites ont reparu au milieu de nous, sous le bénéfice des idées libérales de 1848, et sous la forme de la liberté de l'enseignement, ils ont su prendre, au mépris de la loi, dans l'éducation de nos enfants et dans nos familles, une place qui mérite notre sérieuse considération.

Du reste, ces intrépides aventuriers de la foi catholique ont toujours su se plier aux exigences de toutes les situations pour en tirer profit.

Au commencement du siècle dernier, ils avaient fondé au Paraguay (Amérique du Sud) une république communiste et religieuse, que leurs enthousiastes sectaires n'avaient pas manqué d'admirer. Mais Bougainville, qui se trouvait à Buenos-Ayres au moment de leur expulsion, raconte dans quel état d'abaissement moral étaient tombés les pauvres Indiens soumis à leur domination tyrannique. Ces malheureux habitaient de vastes maisons communes, qui tenaient de la caserne et du couvent, et qui avaient nom *missions*. Chaque mission était placée sous le gouvernement d'un *padre,* que tous les pensionnaires étaient obligés de venir trouver chaque matin. Ce *padre* faisait distribuer par ses lieutenants le travail aux hommes et aux femmes, et le produit en était exactement versé entre ses mains. Les hommes pêchaient et chassaient pour le compte des Pères, ils cultivaient les champs, vendaient leurs récoltes, sans jamais en recevoir le prix. Les femmes filaient et cousaient les vêtements et étaient occupées ensuite aux services d'intérieur. Tous étaient soumis aux prescriptions d'un règlement impératif émanant de la volonté souveraine du gouverneur, et aliénant absolument la liberté et la volonté individuelles. Les peines corporelles les plus sévères punissaient la moindre infraction à cette impitoyable loi, devant laquelle chacun devait se courber. Une éducation commune et abrutissante façonnait de bonne heure l'enfance à cette existence misérable, et reposait sur les bases d'une répression autoritaire des plus cruelles, dont le but était la dégradation morale de la malheureuse population qui y était soumise.

Malgré l'infamie de ces souvenirs, qui ont le malheur de nous laisser indifférents, nous voyons encore la secte jésuitique continuer autour de notre société son œuvre de destruction. Faut-il désespérer et considérer ces parasites sociaux comme une plaie incurable et n'attacher à leur influence qu'un sentiment de mépris? Je ne le pense pas. Je crois que notre société démocratique, née d'hier et qui n'a point encore pu jouir d'un système politique en rapport avec ses besoins et ses tendances, doit chercher par l'union de ses membres la force nécessaire pour se délivrer de ces mortels ennemis.

Pendant que les Pères jésuites exerçaient sur la république communiste du Paraguay leur tyrannique influence sous le couvert de l'éternel manteau de la religion de Rome, il se formait en

1722, dans Hornhall, ville de la haute Lusace, une société de fanatiques religieux appartenant à la confession d'Augsbourg. Ceux-ci, sous la conduite de Zinzindorf, leur chef, fondèrent une société communiste, connue sous le nom de société des *frères moraves*, et vécurent en commun dans le dénûment le plus absolu, passant leur vie à prier et à chanter des hymnes au Seigneur. On a essayé de comparer l'état social des frères moraves à celui des Indiens du Paraguay : il y a pourtant cette grande différence que les malheureux moraves subissaient les peines que leur fanatisme volontaire leur avait attirées, tandis que les pauvres Indiens ne furent soumis que par le seul droit de la conquête brutale à l'horrible existence que leur avaient imposée leurs odieux vainqueurs.

Il est bon de remarquer, cependant, que c'est *toujours* au nom du même Dieu rédempteur que les frères moraves se séparaient du monde volontairement, et que les Jésuites espagnols implantaient l'inquisition et la tyrannie brutale au milieu des tranquilles et primitives populations de l'Amérique.

A part les applications sociales et politiques du système communiste, sa théorie a trouvé de tout temps des admirateurs dont quelques-uns déclarent même, en exposant leur système, que son application n'est pas possible. Ces fictions n'en ont pas moins le caractère d'une protestation sociale, soit formelle, soit détournée.

C'est ainsi que, sous le règne de Louis XIV, ce roi orgueilleux et despote, Fénelon publie l'exposé d'un système social absolument contraire au régime monarchique, dont il voyait devant lui les déplorables abus. L'auteur de *Télémaque* nous dépeint une *Salente* qu'il place en dehors même de ce monde, afin d'éviter tout soupçon d'allusions, et qui est la contre-partie du gouvernement monarchique.

En 1516, le chancelier de Henri VIII d'Angleterre, Thomas Morus, publia à Louvain un livre sous le nom d'*Utopie*, qui est l'exposé philosophique d'un système communiste. Morus copie Platon pour le fond de la doctrine et la forme dialoguée qu'il donne à son livre. Il l'écrivit en langue latine, la langue mère de tous les savants du temps, qui, au dire d'Erasme, un admirateur de Morus, se considéraient alors comme frères en la république des lettres, bien qu'appartenant à des nations différentes.

Morus supprime la propriété individuelle; la terre et les fruits appartiennent au domaine social. C'est le magistrat qui fournit à chaque citoyen les vêtements, les meubles ou les denrées qui lui sont utiles. Établissant par des calculs le chiffre exact de la fortune publique, Morus n'impose que six heures de travail par journée à chaque individu ; il pense que ce temps est suffisant pour produire les ressources nécessaires aux besoins communs, dans leurs raffinements et dans leurs variétés les plus recherchés. La doctrine de l'*Utopie* est éminemment épicurienne ; elle exalte la jouissance des sens, en faisant cette réserve, qu'il ne faut jamais abuser ; et ceci, au nom de la jouissance même : *car où commence l'excès, dit l'auteur, le plaisir cesse.*

L'emploi des métaux est réglé par la loi, qui, dans la pensée de rendre plus méprisables l'or et l'argent, les emploie à forger des chaînes pour les galériens et à la fabrication des vases destinés aux usages les plus abjects. Quant au fer, il est au contraire appliqué aux emplois les plus nobles et notamment à la fabrication des siéges destinés aux magistrats. Le gouvernement repose sur l'élection à divers degrés, formés de colléges électoraux de trente électeurs, qui s'élèvent de la plus humble fonction à la magistrature la plus élevée. Le roi, président élu de cette république, est soumis à ce suffrage, qui ne doit consacrer aucune dynastie. La société se compose de tous les bons citoyens, c'est-à-dire de ceux qui se soumettent aux lois. Les autres forment une classe de galériens à laquelle Morus semble réserver le sort que Platon faisait aux esclaves.

La liberté religieuse est relativement considérable ; il est vrai que les athées ne peuvent occuper aucune magistrature, mais la religion qui semble la plus accréditée dans l'État est le *déisme* pur. Les membres des diverses religions doivent vivre au milieu d'une tolérance très-grande les uns pour les autres, *car la foi ne saurait être contrainte.* Les raisons de tolérance religieuse fournies par Morus sont extrêmement remarquables et dignes, non-seulement du chancelier d'Angleterre au XVIe siècle, mais encore de tous les philosophes et penseurs qui l'ont suivi. Morus précéda Luther d'une année ; la mise en pratique de sa doctrine de tolérance religieuse eût évité aux sociétés chrétiennes trois siècles de guerres religieuses et sociales qui les ont ensanglantées.

Six ans après que Morus eut publié son livre, un curé de Zwickau (Saxe), du nom de Muncer, qui s'était rallié à la doctrine luthérienne, devint le chef des premiers anabaptistes. Il organisa une révolution politico-religieuse contre la propriété.

Les anabaptistes commencèrent à dissoudre le sénat de Mulhausen, qui se prêtait mal à leur doctrine spoliatrice. Excités par les prédications furieuses de leur chef, ils se constituèrent en armée et entrèrent en campagne pour conquérir le pays sur lequel ils voulaient appliquer leur doctrine sociale. Le landgrave de Hesse marcha contre eux.

au moment où ils avaient atteint le chiffre redoutable de quarante mille. Il les tailla en pièces et sept mille des leurs restèrent sur le champ de bataille. Leur chef Muncer fut pris et mis à mort, avant d'avoir pu exécuter aucune de ses idées politiques. Mais la terreur d'un pareil désastre fut loin d'intimider la foi de ces ennemis de la propriété. Ils se reconstituèrent et finirent par enlever Munster à l'évêque qui y régnait. Ils établirent en cette place le siége de leur gouvernement.

Au boulanger Mathias ou Matissohn succéda le tailleur Jean de Leyde, qui proclama la polygamie comme loi d'État et qui épousa lui-même dix-sept femmes, pour donner le premier l'exemple à ses sujets. Il imposa la tyrannie la plus affreuse à ses malheureux coreligionnaires, qui, imbus du fanatisme religieux, se soumirent à tous ses caprices. Cependant les épiscopaux vinrent mettre le siége devant Munster et, malgré une diversion tentée par les anabaptistes d'Amsterdam pour diviser les forces des assiégeants, ceux-ci se rendirent maîtres de la ville en 1530. Les anabaptistes fanatisés se laissèrent exterminer plutôt que de se rendre. Leur roi, enlevé de son palais, mourut sur l'échafaud, construit sur la grande place de Munster, au lieu même où il avait été couronné deux années auparavant.

Après Jean de Leyde, des bandes anabaptistes,

prêchant l'abolition de la propriété, parcoururent encore la Hollande et les bords de la Baltique ; mais elles ne purent jamais se réorganiser en société civile ni imposer leur doctrine.

Quelques auteurs, et M. Louis Reybaud est du nombre, ont vu dans Jean Baudin un défenseur des idées du communisme. Jean Baudin publia en effet à Paris, en 1576, un livre appelé *la République*. La France, pendant la dernière partie du règne de Henri III, était au plus fort des guerres de religion et au commencement de la ligue. Baudin, qu'on appela avec raison, je crois, le précurseur de Montesquieu, passe en revue dans son livre les différents modes de gouvernement pouvant s'appliquer aux États. Il examine la doctrine communiste, mais elle est loin de fixer son idéal, et sa politique préférée est la partie de la théorie de Morus qui a trait à la tolérance religieuse appliquée à la liberté politique.

Au siècle suivant, 1630, Thomas Campanella, dominicain, né à Stilo (Calabre), fit paraître un ouvrage exclusivement communiste et destiné à un grand retentissement, sous le titre de *la Cité du Soleil*. Les solariens sont le plus heureux peuple du monde. Leur chef est un grand métaphysicien, qui gouverne avec le concours de trois ministres, dont la responsabilité n'est discutée par personne, et qui sont *Puissance, Sagesse* et *Amour*.

Le ministre Puissance est chargé du département de la guerre avec toutes ses attributions. Le ministre Sagesse a dans son portefeuille l'administration des beaux-arts, des lettres et des sciences. Le ministre Amour s'occupe de la théorie de la vie physique et de la génération. Chaque vertu est représentée par un magistrat chargé de l'exciter. Quant aux vices, ils ne peuvent exister dans la cité du Soleil. Aussi, point de peine édictée en principe. Prévoyant cependant que l'infirmité humaine peut entraîner parfois à de légères fautes, le législateur prescrit, comme punition, pour celui qui s'en rendrait coupable, l'exclusion des repas communs, et la privation pendant un temps déterminé de l'usage des femmes.

Le plus capable des citoyens est élu grand métaphysicien. Les autres magistratures sont dévolues suivant le mérite. Tout est commun chez les solariens : logement, dortoir, travail. Les magistrats remplacent les Pères du Paraguay pour la distribution du travail suivant les aptitudes de chacun.

Comme dans la plupart des sociétés communistes, la plus grande promiscuité règne dans la cité du Soleil. Cependant les accouplements de sexes sont confiés à la sollicitude des magistrats, qui doivent s'en occuper avec la compétence d'inspecteurs de haras. L'argent monnayé ne doit pas avoir cours parmi les solariens, il servira seulement pour les échanges avec les nations voisines.

Enfin, et ceci est l'apogée du système, les

terres n'auront plus besoin pour produire d'être fécondées par un engrais provenant des matières décomposées, et exhalant des miasmes pestilentiels. L'observation sidérale, sous la haute direction du grand métaphysicien, fournira pour les champs un moyen de plantureuse fécondité.

Voilà, messieurs, quels sont, avant la grande époque philosophique du xviiie siècle, les principaux systèmes communistes appliqués ou exposés dans les différents temps et les différents âges.

Pour les résumer en peu de mots, je pense qu'il faut voir, dans le communisme des anciennes républiques de la Grèce, le but important de former des guerriers éprouvés et d'éviter ainsi la servitude. Platon en a adouci l'idée sous les formes idéales de sa philosophie, mais c'est là qu'est la pensée dominante du législateur et du philosophe : éviter la servitude. Le but de former une société de frères ne pouvait venir en effet aux penseurs qui maintenaient la nécessité de l'esclavage. Jésus abolit dans la civilisation chrétienne cette odieuse institution ; aussi, avant que les idées en germe dans sa philosophie ne deviennent cette religion si indigne de celui dont elle se prétend issue, les premiers adeptes forment-ils une société de frères cherchant à répandre, pour le bien de tous, la doctrine de la vie et de la propriété en commun. Mais la religion catholique ne s'est servie de ses communautés que pour en faire des pépinières de sectaires et pour conserver le monopole de la domination et de la tyrannie. Aux Jésuites incombe la honte des malheurs qu'ils ont imposés au Paraguay. Le fanatisme religieux fut le mobile qui guida les moraves et les anabaptistes. Fénelon, Morus, Campanella se sont faits les romanciers du communisme pour réagir et protester contre les corruptions de leur temps, mais sans avoir eu la pensée de pouvoir jamais appliquer leurs doctrines.

Et après l'examen de ces divers systèmes et des effets qu'ils ont produits, on demeure convaincu que jamais l'idée du communisme appliqué à une nation tout entière, à l'exclusion de tout autre mode social, n'a pu trouver grâce devant la raison pure et la connaissance approfondie du cœur et des passions humaines.

CONFÉRENCE DU 13 JANVIER 1870.

I.

Messieurs,

En étudiant la marche des progrès intellectuels accomplis dans l'ère moderne, on aperçoit facilement pourquoi, à la grandeur purement littéraire du xviie siècle, devait succéder la grande époque philosophique et encyclopédiste qui caractérise le xviiie, et qui mène droit à la Révolution.

Les esprits, affolés d'abord de la culture des belles-lettres, se passionnèrent bientôt pour des études plus sérieuses. Corneille et Racine venaient de faire revivre, dans leurs immortels chefs-d'œuvre les grands sentiments et les grandes passions de l'antiquité; le génie de Molière avait créé *Tartufe* et démasqué ainsi l'hypocrisie religieuse. La majesté royale elle-même avait été atteinte en Angleterre, et l'auguste tête du roi Charles Ier

avait roulé sur l'échafaud révolutionnaire. On comprit alors qu'il y avait pour l'humanité des recherches plus sérieuses et plus profitables à faire que celles de la Grâce efficace ou de la présence réelle dans l'Eucharistie. Il se leva une légion de penseurs, de philosophes, d'écrivains qui étudièrent toutes les questions humaines au point de vue humain, et cherchèrent la solution des grands problèmes sociaux et politiques.

Il s'agissait de détruire tous les priviléges de castes, de naissance, de profession ; de combattre la tyrannie du clergé et de la noblesse, et de raffermir la dignité humaine par le principe de l'égalité.

En 1724, un Anglais, lord Dervent-Water, réinstalla en France les initiations et les mystères de la franc-maçonnerie. Dans ses temples se répandirent bientôt les idées d'une société nouvelle ; et vous savez, Messieurs, quels sont les titres glorieux de ces théophilanthropes dans l'armée de la revendication philosophique et sociale.

On voit alors l'idée du communisme reprise et exposée par quelques publicistes.

C'est d'abord Morelli qui publia, en 1753, un poëme communiste, reproduisant la doctrine de l'*Utopie* de Morus, sous le titre de *la Basiliade* ou *Iles flottantes*. Deux ans après, il publia un second livre communiste, le *Code de la nature*, qui fut longtemps attribué à Diderot, ce qui atttira à ce dernier les vertes critiques de la Harpe. L'homme, dit Morelli, naît bon ; toutes les passions violentes dont il est assailli ont pour cause l'immoralité du désir de la possession individuelle ; d'où cette conséquence que, là où il n'existe aucune propriété individuelle, on ne peut rencontrer aucun des fâcheux résultats que cette idée comporte en elle.

Morelli admet et impose même le mariage dès l'âge nubile ; il est vrai qu'au bout de dix années d'union, les époux pourront obtenir leur divorce, et qu'à partir de quarante ans chacun sera appelé à jouir des douceurs du célibat. Pour les enfants, ils seront soumis, dès l'âge de cinq ans, à une éducation commune dans de vastes gymnases. Ils y seront instruits par des pères et mères de famille qui seront remplacés tous les cinq jours, afin qu'aucun d'eux n'ait le temps de trop s'attacher à ses élèves. A l'âge de dix ans, les enfants entrent en apprentissage, et reçoivent immédiatement une instruction professionnelle. Le travail est imposé à tous les citoyens ; le produit de ce travail est versé à l'État, et celui-ci a la charge de conserver la morale publique, et de maintenir le communisme. Tout citoyen convaincu d'immoralité, c'est-à-dire d'avoir essayé d'implanter l'idée de la propriété, sera retranché de la société et condamné à habiter vivant des sépulcres souterrains, installés à cet effet dans les cimetières.

Morelli a intitulé un chapitre de son livre : Lois

fondamentales et sacrées qui doivent couper racine aux vices et à tous les maux d'une société qui les appliquerait. Ces lois sont les trois suivantes :

1° Abolition de la propriété particulière;

2° Droit de cité pour tous avec subvention de l'État;

3° Répartition des charges et des devoirs sociaux, suivant une loi distributive en rapport avec les capacités et les besoins de chacun.

Tel est l'exposé de ce système, qui repose tout entier sur la théorie si longuement et si éloquemment développée par son auteur, que les vices sociaux sont engendrés par la convoitise de la propriété particulière.

Cette idée, reprise quelque temps après par l'abbé Mably, historien et philosophe, est celle que préconisa Babeuf, et qui sert de base fondamentale à tous les systèmes communistes qui se sont produits de nos jours.

Mably publia, en 1768, un livre intitulé : *Doutes sur l'ordre naturel essentiel des sociétés.* Il répondait à un ouvrage de Mercier de Larivière, dans lequel cet auteur avait inscrit l'absolue nécessité du despotisme comme principe de tout gouvernement humain. Dans un esprit d'opposition, Mably se laissa entraîner à l'exagération contraire. Il s'inspira exclusivement des idées communistes des anciennes républiques du Péloponèse; il en exalta les avantages. Il ne tint aucun compte de la situation faite aux classes en état de servitude dans ces gouvernements éminemment aristocratiques et autoritaires. Il se laissa emporter, dans sa pensée de réaliser son idée de justice idéale, vers le système social qui ferait à chaque citoyen une part proportionnelle à la fortune et aux charges publiques. Il alla même jusqu'à vanter avec enthousiasme les bienfaits de la république communiste fondée par les Jésuites au Paraguay. « Il y a, dit-il, une colonie modèle, où les Pères de la foi ne se bornent pas à être des missionnaires, mais où ils sont en même temps des initiateurs, auprès des Indiens, de l'art de se gouverner eux-mêmes dans une république platonicienne. »

Après cette consécration de l'excellence du système, Mably, comme Morelli, soutient que la cause de tous les maux de la société se trouve dans l'idée de la propriété.

« On peut comprendre, dit-il, un État communiste, débarrassé de tout sentiment d'avarice et d'envie, où le plus humble des citoyens sera plus heureux que le plus riche propriétaire d'aujourd'hui. »

Enfin le travail, pour Mably, est la sanction d'une loi d'attraction naturelle que tout homme, débarrassé des idées immorales de la possession, doit accomplir avec dévouement, non point pour en tirer un profit ou un salaire, mais par la seule idée de jouissance qu'il apporte avec soi. Du reste l'amour de la gloire, de la considération, bien remué chez l'homme, est un levier assez puissant pour développer toute son activité. Nous devons à Mably cette belle pensée :

« Le travail qui accable les laboureurs serait un amusement délicieux si tous les hommes le partageaient. »

Cependant, en posant ces principes de communisme, Mably sent le côté irréalisable de son système. Il convient que le mal de la possession est aujourd'hui trop invétéré dans notre monde pour espérer jamais de l'en chasser, et qu'il est impossible de constituer une vie sociale où toutes les positions soient égales. Il veut pourtant commencer à limiter les fortunes, régler par des lois agraires le maximum de la possession foncière, restreindre le droit de tester, s'opposer absolument au développement du luxe, proscrire enfin toute cause d'enrichissement rapide, notamment les affaires de commerce et de finances.

L'éducation des enfants devra être commune ; les femmes, comme à Sparte, seront soumises, dans les gymnases, aux mêmes exercices corporels que les hommes. Mably admet le mariage et, par une inconséquence difficile à expliquer, il conserve à la famille des droits sur les enfants dont l'éducation est confiée à l'État.

Il y a dans l'œuvre de Mably des hésitations et

des inconséquences qui prouvent combien cet esprit pénétrant jugeait difficile l'application de son système. On l'a souvent comparé à Platon, mais jamais il n'exposa, avec cette logique impitoyable qui distingue le philosophe grec, les théories de la communauté.

On sent des réticences après des affirmations posées, et il est évident que le philosophe, séduit d'abord par les avantages apparents du système, recule ensuite devant les conséquences de sa mise en application.

On retrouve cette pensée tout entière dans les écrits de J.-J. Rousseau. Pour beaucoup d'esprits, ce grand penseur paraît difficile à juger. Tantôt ennemi, tantôt défenseur de la propriété, il semble s'éloigner et se rapprocher tour à tour de ce principe. En étudiant l'ensemble de son œuvre, on voit clairement que Rousseau fut d'abord un ennemi acharné de la propriété comme base sociale; mais, cette base imposée, il l'accepte comme fait inévitable, et il cherche non plus à la détruire, mais à en régler le développement au point de vue des plus nobles sentiments de l'humanité.

Un grand historien contemporain, M. Louis Blanc, dans le magnifique portrait qu'il trace du grand caractère de Jean-Jacques, l'appelle l'Alceste du XVIIIᵉ siècle.

Il y a en effet, dans l'éloquence et dans l'énergie du philosophe, quelque chose de l'ardeur misanthropique que Molière a donnée à son héros.

« Le premier, s'écrie-t-il un jour, qui, ayant enclos un terrain, s'avisa de dire : « Ceci est à moi, » et trouva des gens assez simples pour le croire, fut le premier fondateur de la société civile. Que de crimes, de guerres, de meurtres, de misères et d'horreurs n'eût point épargné au genre humain celui qui, arrachant les pieux ou comblant le fossé, eût crié à ses semblables : « Gardez-vous d'écouter cet imposteur ; vous êtes perdus si vous oubliez que les fruits sont à tous et que la terre n'est à personne ! »

Ce discours à jamais célèbre était une sorte de profession de foi ; Rousseau le composa pour répondre à la question posée par l'académie de Dijon sur les causes d'inégalité sociale. Il y exalte la conscience pure et primitive de l'homme à l'état sauvage, et, après lui avoir accordé les éloges les plus pompeux, il dépeint l'état de la conscience humaine dans la vie sociale. Il gémit des malheurs que la civilisation impose à l'humanité, et des misères au prix desquelles les hommes ont acheté la science du bien et du mal moral.

Plus tard, dans le *Contrat social*, Rousseau reconnaît le droit de propriété comme un droit fondamental et primitif dont la société doit assurer la jouissance à tout individu. Dans *Émile*, il indique à son élève quelle est la nature de ce droit social, qui repose tout entier sur le travail.

Enfin Rousseau proclame le mariage contre la doctrine de l'abolition de la famille; il est, de plus, un des novateurs de la doctrine des devoirs sociaux, doctrine qui a servi de base, de nos jours, à une école nouvelle de morale indépendante de toute idée religieuse ou métaphysique.

Il partage l'admiration de son époque pour les républiques communistes de l'antiquité, et poursuit toujours son rêve de l'égalité de la fortune et des moyens les plus favorables pour l'obtenir. Il demande un impôt progressif qui absorbe tout le superflu, ne voulant de biens que ce qui doit servir aux besoins de la vie.

« Il faut, dit-il, avoir assez de fortune pour n'être point l'esclave du besoin; mais il ne faut pas en avoir trop, de peur de devenir l'esclave de sa propre fortune. »

On ne peut, à dire vrai, comprendre Rousseau dans le nombre des écrivains communistes proprement dits. Déiste sentimental, il idéalisa ses haines et ses amours. L'horreur que lui inspire l'idée première de la propriété fut bientôt tempérée par son ardeur à combattre pied à pied les doctrines matérialistes qui commençaient à se produire. Il abandonna facilement l'idée de partage ou d'exclusion de biens, pour exposer ses théories contre les grosses fortunes, en faveur de la propriété universellement répandue.

Pour bien comprendre le mouvement des esprits

de beaucoup de penseurs de ce grand siècle vers l'admiration des idées de la nature primitive, il faut se rappeler que ces temps sont contemporains des découvertes de pays sauvages par Cook et Bougainville. On avait écrit, raconté, exposé, sur les mœurs des habitants de ces contrées, les plus admirables récits; on avait vu, pour la première fois dans ce siècle, des Mississipiens et des Canadiens; Diderot écrivit d'imagination un supplément des voyages de Bougainville, dans lequel il créa une théorie nouvelle de l'amour libre, qui n'est que le système complet de la promiscuité.

Cette étrange théorie trouva un chaleureux défenseur dans Brissot-Warville, qui devint plus tard un des chefs de la Gironde.

« Homme de la nature, s'écrie-t-il, suis ton vœu, écoute ton besoin; c'est ton seul maître, ton seul guide. Sens-tu s'allumer dans tes veines un feu secret à l'aspect d'un objet charmant? Sens-tu dans ton être un frémissement, un trouble? C'est que la nature a parlé; cet objet est à toi, jouis. Tes caresses sont innocentes, tes baisers sont purs. L'amour est le seul titre de la jouissance, comme la faim de la propriété. »

Brissot poussa jusqu'aux dernières limites les conséquences de son système. Il est le premier qui ait prononcé cette formule, reprise de nos jours par Proudhon, du vol dans la propriété. Voici l'exposé de sa théorie, extraite d'un recueil de critique du droit pénal intitulé : *Recherches philosophiques sur le droit de propriété et le vol.*

« On a rompu, dit-il, l'égalité que la nature avait placée entre tous les êtres. L'égalité bannie, on a vu paraître ces distinctions odieuses de riches et de pauvres ; la société a été partagée en deux classes : la première, composée de citoyens propriétaires ; la deuxième, plus nombreuse, de peuple ; et pour affermir le droit cruel de la propriété, on a prononcé des peines cruelles.

« L'atteinte portée à ce droit s'appelle vol, et pourtant le voleur, dans l'état social, est le riche, celui qui a le superflu. Dans la société, le voleur est celui qui dérobe au riche. »

Cette effervescence déclamatoire contre la propriété abandonna Brissot dans l'âge mûr. Au sein de la Convention, alors que les idées communistes menaçaient de prévaloir, il fut, avec Vergniaud, un des plus chaleureux défenseurs du pacte social, mais on ne peut nier que ses premiers écrits ne soient imbus d'un amour trop irréfléchi du bonheur de la vie chez les sauvages que l'on découvrait à cette époque.

II.

Les premières heures de la Révolution française furent consacrées à détruire tous les abus, tous les priviléges, tous les monopoles. Dans cette nuit à jamais mémorable du 4 août, qui constitua l'égalité de tous les citoyens français, devant la même loi, on créa un ordre social qui, abolissant le droit d'aînesse, favorisait l'aliénation des biens, fournissait à la fortune publique un puissant moyen de se diviser et de se répandre.

Si l'œuvre de la Révolution est encore incomplète ; si des périodes de réaction sont venues entraver sa marche progressive, elle n'en est pas moins une véritable révélation d'un état social nouveau ; et, avec les progrès de l'instruction, il est permis d'espérer que les théories sociales résisteront toujours aux bouleversements de la politique, et que l'humanité, éclairée par le flambeau de la science et de la raison, poursuivra sa marche, sous la loi du progrès, vers la réalisation de son vœu le plus cher : le bonheur de tous.

La Révolution emprunta à l'ordre de la francmaçonnerie la glorieuse devise :

Liberté, Égalité, Fraternité,

pour l'inscrire en tête de sa charte constitutionnelle.

La liberté primait tout, comme émanant d'un droit primordial, mais la liberté devait pouvoir être exercée par tous de la même manière ; il s'ensuivait l'égalité. La fraternité, à son tour, issue d'un sentiment plus désintéressé, imposait, sous la sanction de la conscience, l'obligation pour l'homme d'accomplir son devoir envers ses semblables en dehors des lois inscrites dans les codes.

Dès lors le principe de l'égalité devant la loi est posé ; il sert de base et est acquis à la reconstitution sociale. Mais aucune des assemblées révolutionnaires, pas même la Convention, ne songea à abolir le principe de la propriété ; elles le reconnurent toutes et le mirent sous la protection des lois les plus sévères.

Voici l'opinion de quelques publicistes et hommes d'État de cette époque.

Mirabeau reconnaît que le droit à la propriété n'est point la manifestation d'une loi naturelle, mais bien celle d'une création sociale ; et tirant immédiatement la conséquence de son argumentation, il reconnaît à la société, qui a constitué le droit à la propriété, tout pouvoir pour limiter l'exercice de ce droit et en régler la transmission. (Constituante, *Discours sur l'Hérédité.*)

Robespierre, dans la même discussion, demande, en vertu du même principe, l'abolition absolue du droit de tester. Plus tard, ce même législateur se pose en défenseur de la propriété contre les excitations d'une certaine partie de la presse révolutionnaire, qu'il désigne comme étant un *épouvantail pour la nation.* Dans la déclaration des Droits de l'homme, lue par lui aux Jacobins le 7 avril 1793, Robespierre définit ainsi la propriété : « Article 7. La propriété est le droit de tout citoyen de jouir et de disposer de la portion des biens qui lui est garantie par la loi. » L'article 11 ajoutait : « La société est obligée de pourvoir à la subsistance de tous ses membres, soit en leur procurant du travail, soit en assurant les moyens d'exister à ceux qui sont hors d'état de travailler. »

Saint-Just à son tour, disciple et admirateur de Robespierre, dépassa son maître dans ses idées au sujet de la propriété.

Il demanda le partage des terres, au nom du bonheur public ; car, dit-il, un peuple d'agriculteurs est le seul qui puisse être heureux.

Voici ce qu'il pense sur la liberté et l'union légale de l'homme et de la femme.

« L'homme et la femme qui s'aiment sont époux. S'ils n'ont point d'enfants, ils peuvent tenir leurs engagements secrets ; mais si la femme devient grosse, ils sont tenus de déclarer au magistrat qu'ils sont époux. Nul ne peut troubler l'inclination de son enfant, quelle que soit sa fortune. »

Parmi les publications quotidiennes de 1793, citons la *Chronique de Paris*, rédigée par le conventionnel Rabaut, qui disait, après avoir développé longuement le système de l'égalité des fortunes :

« On ne peut obtenir cette égalité par la force ;

il faut tâcher de l'obtenir par des lois, et charger ces lois de deux choses :

1° De faire le partage égal des fortunes ;

2° De créer une situation légale qui puisse le maintenir et prévenir toute inégalité future.

Marat publia, dans l'*Ami du peuple*, des articles incendiaires contre les accapareurs de son temps, mais qui s'adressèrent plus aux accapareurs proprement dits qu'à la propriété elle-même.

Cependant, au milieu de ces tourmentes politiques, le principe de la propriété trouva un ardent défenseur dans le girondin Vergniaud.

C'est lui qui eut le courage de détourner son époque de l'engouement qu'elle professait pour les petits États de l'ancienne Grèce. Il montra Sparte et la Crète, dont le territoire n'excédait pas en étendue la moitié d'un district français, et où 10,000 citoyens égaux étaient servis par 200,000 malheureux réduits à la plus odieuse servitude. Il prononça, le 8 mai 1793, à la tribune de la Convention, un magnifique discours où, prenant à partie toutes les excitations ultra-socialistes de son temps, il s'écrie : « La Constitution dissipera les alarmes que les discours insensés jettent dans l'âme de tous les propriétaires. Elle fera cesser l'émigration si fatale des capitaux ; car, sachez-le bien, chaque déclaration contre la propriété voue quelques terres à la stérilité, quelques familles à la misère. »

Et comme les propositions de loi pour le partage des terres se reproduisaient fréquemment au sein de la Convention, l'Assemblée décréta la peine de mort contre quiconque proposerait une loi agraire.

Rappelons en terminant la définition de la propriété adoptée par cette grande assemblée : « La propriété est le droit qui appartient à tout citoyen de jouir et disposer de tous ses biens, de ses revenus, du fruit de son travail et de son industrie. »

III.

Après le triomphe des Thermidoriens, les passions et les luttes de la politique active semblèrent s'amoindrir ; il faut dire simplement, pour rester juste, que la chute des Jacobins amena, non pas moins de passion pour ou contre la Révolution, mais une dissimulation plus grande dans les esprits et dans les opinions politiques. Ce fut le commencement des conspirations et des luttes secrètes que tous les partis devaient tenter tour à tour contre le gouvernement des Directeurs.

En 1796, Caïus-Gracchus Babeuf rédigeait à Paris, une feuille sous le nom de : *Le Tribun du peuple*. Il avait donné à son journal cette épigraphe : « Le but de la société est le bonheur commun. »

Pour programme avoué, il poursuivait : la chute du Directoire, l'établissement d'une loi agraire de partage des terres, l'égalité complète et absolue de tous les citoyens. Pour faire triompher ce programme, Babeuf ne voulait user que d'un seul moyen, l'*insurrection*. Il écrivait un jour : « Lorsque c'est tout un peuple qui veut révolutionner à la suite d'un tribun qui a toute sa confiance, le devoir de ce tribun est de dire sans cesse à tout le peuple où il est, ce qu'il fait, où et comment il faut aller, et pourquoi. »

Du reste, Babeuf acceptait pour lui d'être le chef de l'insurrection, et prenait le parti énergique de toutes les rébellions armées. Il louangeait au même titre les vainqueurs du 10 août et les auteurs des massacres de septembre, qu'il désirait recommencer dès que le peuple lui ferait un signe. Voici à ce sujet quelques lignes extraites du n° 40 du *Tribun du peuple*.

« Les hommes de septembre, que l'on veut donner au peuple pour des bourreaux, n'ont été que les prêtres, les sacrificateurs d'une juste immolation qu'ordonnait le salut commun. Réunissez-vous, patriotes, pour les défendre dans ce sens ; formez autour d'eux une triple barrière ; que le peuple en guenilles, que la foule affamée aille entourer le tribunal appelé à les juger ! qu'elle suive constamment les auditions de ce grand procès ! qu'elle les occupe toutes ! qu'elle ne se laisse point prévenir par la classe dorée! qu'elle dise sans trembler que les exterminations que l'on condamne aujourd'hui furent légitimes et vivement commandées par le bien de la masse; qu'elle prononce également sans hésiter, *sans rougir*, qu'elle reconnaît les acteurs de ces *scènes politiques* pour les exécuteurs d'une *tragédie utile et indispensable,* démontrée telle par les crimes éternels de la faction riche, mieux démontrée encore, depuis le 9 thermidor, terme à partir duquel cette infâme faction mit plus en grand, à l'ordre du jour, la famine, la ruine, le dépouillement, l'assassinat du peuple; que les exterminateurs des coryphées de cette secte horrible n'ont donc que bien mérité de la majorité des citoyens. Enfin, que s'il est quelque chose à regretter, c'est qu'un 2 septembre plus vaste, plus grand, n'ait point fait disparaître la totalité des affameurs. »

Babeuf ne s'en tint pas aux écrits par la voie de la presse. Il organisa une conjuration avec le concours de quelques citoyens parmi lesquels le représentant Drouet, Buonoratti, ancien jacobin, Sylvain Maréchal, l'auteur du *Dictionnaire des athées*. — Le Directoire fut bientôt informé de toutes les menées des conjurés. Il fit d'abord fermer le club du Panthéon, qui leur servait de réunion publique, et lorsqu'il jugea que la conjuration était suffisamment ourdie pour pouvoir en saisir tous les plans et dispositions, il ordonna l'arrestation des chefs. Babeuf et quinze autres individus furent arrêtés, le 23 floréal an IV. Des visites domiciliaires furent pratiquées rue de la Grande-Truanderie, chez Babeuf, et dans un hôtel de la rue Saint-Honoré qu'habitait Drouet. On trouva ce dernier en flagrant délit de copier lui-même le texte des proclamations qui devaient être placardées dans les rues de Paris.

Tel était le plan de l'insurrection trouvé chez Babeuf. Tuer les Cinq; — les sept ministres; — le général de l'Intérieur et son état-major; — le commandant temporaire et son état-major. — S'emparer de la salle des Anciens et des Cinq-Cents; — faire main basse sur tous ceux qui s'y rendront.

Vous savez, Messieurs, que ce plan, qui devait échouer en 1796, a reçu à d'autres époques de notre histoire une exécution plus heureuse. Babeuf voulait tuer ceux qui le gênaient. On s'est contenté en 1851 et 1852 des déportations dans de semblables circonstances.

Le comité de l'action prenait le nom de : Directoire insurrecteur de salut public. Il était composé de quatre membres dont les noms ne devaient pas être connus, même des premiers agents ; et une marque distinctive, apposée au lieu et place de signatures sur les actes officiels, était le seul signe extérieur qui pouvait être révélé pour garantir l'authenticité de ces actes.

Babeuf fut d'abord conduit à la prison du Temple. Il écrivit de là au Directoire une assez longue épître pour l'engager à parlementer avec lui plutôt que de continuer à le poursuivre, le menaçant, en cas de refus, de la colère de son parti, dont il s'efforçait de grossir l'importance.

« Vous irriterez, disait-il, toute la démocratie de la République française, et vous savez aujourd'hui que ce n'est point aussi peu de chose que vous aviez pu l'imaginer d'abord. »

Une haute-cour fut convoquée à Vendôme ; comme tribunal exceptionnel motivé par la mise en cause du représentant Drouet, que le Corps législatif décréta d'accusation. Mais ce dernier fut soustrait au jugement par la fuite, disent les uns, par un relaxement secret, disent les autres. C'était le fils du maître de poste de Ste-Menehould, qui reconnut Louis XVI et le fit arrêter à Varennes.

La tactique des accusés fut de chercher à prolonger le débat le plus longtemps possible, comptant sur un coup de main que les sans-culottes tenteraient en leur faveur. Il y eut en effet une tentative d'insurrection à Grenelle et 7 à 800 individus vinrent occuper en armes le champ de Mars ; mais cette émeute fut repoussée par la force et plusieurs insurgés y trouvèrent la mort.

Au début de la première audience, Babœuf posa des conclusions contre la compétence du tribunal exceptionnel, attendu que Drouet ne figurait pas sur le banc des accusés. La cour écarta ce moyen dilatoire ; il demanda alors à pouvoir citer des témoins habitant des pays d'outre-mer ; et ce moyen ayant été rejeté, il prétendit que toutes les pièces de cette volumineuse information fussent communiquées intégralement aux soixante-quinze accusés individuellement. La Cour passa outre aux débats, qui ne durèrent pas moins de sept mois consécutifs. Babeuf chercha à s'emparer de la direction de l'affaire ; il déploya une énergie et une activité sans exemple pour repousser tous les chefs d'accusation.

Lorsqu'on lui présenta les plans du gouvernement révolutionnaire saisis chez lui avec les notes inscrites de sa main, il prétendit qu'on ne devait voir dans les pièces que l'opinion d'un philosophe étranger à tout complot à main armée.

Voici une phrase de sa défense :

« J'ai imité, dit-il, le philosophe Mably ; j'ai écrit mon opinion, il est vrai, mais je l'ai écrite froidement et dans le seul but de m'exercer sur la politique ; c'est un droit et même un devoir qui appartient à tout citoyen. Je déclare n'avoir jamais eu l'intention de convertir en un acte matériel un plan insurrectionnel dont je suis l'auteur. »

Babeuf reproduisit, dans cette défense écrite et dont la lecture remplit quatre audiences, les théories philosophiques de tous les auteurs et philosophes communistes ; il y dépeint les républiques grecques, la philosophie platonicienne et les apologies modernes de Morelli, et notamment Mably. Puis il reprend par dates l'histoire de la révolution depuis le 4 août jusqu'au 9 thermidor, période de croissance et d'éclat, et enfin les horreurs imposées par les réactionnaires et tous ses griefs personnels contre le gouvernement. Il finit ensuite par montrer que le parti royaliste va triompher si on condamne les derniers républicains.

Il y a des parties d'une éloquence magnifique dans cette défense, qui n'est que l'exposé idéal de sa doctrine politique et sociale, et qui repousse alors toute idée d'imposition par la force. Malgré ses énergiques efforts, la cour de Vendôme rendit son arrêt le 7 prairial (27 mai 1797). Caïus-Gracchus Babeuf et Darthé, ancien lieutenant de Joseph Lebon, furent condamnés à mort. Sept autres accusés furent condamnés à la déportation, les autres furent acquittés. — Les deux premiers condamnés se frappèrent à l'audience d'un coup de poignard en entendant l'arrêt. Darthé tomba mort, mais Babeuf fut relevé vivant et emmené, blessé et ensanglanté, sous la fatale machine, après vingt-quatre heures d'une horrible agonie.

Telle fut la fin de ce malheureux penseur qui, dans le but d'établir le bonheur commun, faisait appel aux plus détestables excitations d'anarchie révolutionnaire. Ses conceptions philosophiques ne dépassent pas celles de ses prédécesseurs ; elles ont le même point de départ que toutes les théories du xviiie siècle; ce qui distingue essentiellement Babeuf, c'est que non-seulement il fut le panégyriste du système, mais encore il tenta de l'imposer par la violence et l'insurrection.

Communiste, il n'est pas plus dangereux que Morelli, Mably ou Jean-Jacques ; mais, démagogue et anarchiste, il chercha à allumer la guerre civile en son pays; c'est là son crime.

L'arrêt qui le condamna à mort est une de ces décisions de la justice qu'on retrouve si souvent empreintes du caractère politique. Ces influences sont toujours des plus fâcheuses, et c'est un malheur dans lequel a trop succombé la justice de notre pays. Grâce aux magnanimes dispositions du gouvernement provisoire de 1848, la peine de mort est, du reste, abolie en matière politique; elle ne pourrait donc être appliquée dans l'espèce, et c'est là encore un immense progrès social accompli par notre siècle. Quant à Babeuf, il ne représente point l'ambitieux, tyran ou démagogue, poursuivant un plan machiavélique de renversement social à son profit. Il n'a ni les exagérations de l'audace, ni l'insouciance flegmatique du conspirateur. Il y a surtout chez lui un élément de conviction ou plutôt d'exaltation morale. Sous l'empire des idées qui le dominaient, il se laissa entraîner sur la pente fatale de la vanité personnelle, et il voulut être le chef d'une revendication populaire autant que d'une régénération sociale. C'est donc une nature plus égarée que perverse, qui fut la victime d'une folle ambition et se laissa entraîner au crime par l'enivrement complet que donne la recherche assidue de la popularité malsaine.

IV.

Après cette sanglante tragédie, qui termine l'histoire du communisme dans la période philosophique et révolutionnaire, on est fort surpris du peu d'intérêt qu'offrent de nos jours ces mêmes doctrines, que nous voyons se reproduire avec un courage plus assuré, mais avec les mêmes difficultés de réalisation. Cependant, plus qu'à toute autre époque, ces questions se trouvent aujourd'hui à l'ordre du jour et servent, tantôt d'avant-garde à des progrès sociaux incontestables, tantôt de prétextes à de regrettables réactions.

En 1842, un jurisconsulte, ancien procureur général, puis député, Étienne Cabet, de Dijon, publia à Paris un ouvrage exclusivement communiste, le *Voyage en Icarie*.

C'est le récit fantastique et attrayant d'un grand peuple, appliquant jusqu'aux dernières limites le système de la communauté, et réalisant l'idée du bonheur le plus absolu; jugez-en :

Il règne en Icarie : la fraternité.

Le premier droit est : vivre.

Le premier devoir : travailler.

Les premiers principes sont : tous pour chacun, — chacun pour tous, — à chacun suivant ses besoins, — de chacun suivant ses forces.

De l'application de ces principes, l'auteur tire les déductions suivantes : Amour, — justice, — secours mutuels, — assurance universelle, — organisation du travail, — machines au profit de tous, — augmentation de la production, — répartition équitable des produits, — suppression de la misère, — amélioration croissante, — mariage et famille, — progrès continuels, — abondance, — arts.

Droits et principaux devoirs : Solidarité. — Égalité. — Liberté. — Éligibilité. — Unité. — Paix. — Éducation. — Intelligence. — Raison. — Moralité. — Ordre. — Union. — Et le tout constituait :

Le bonheur commun.

Je n'entreprendrai ni l'analyse, ni la critique du livre de Cabet; je me bornerai à deux observations :

La première, qu'il n'est tenu aucun compte par l'auteur des mauvaises passions ni des vices de la société; et cela, parce que l'abolition de la propriété étant une panacée suffisante pour faire disparaître toutes les misères sociales, aucun vice ni aucune mauvaise passion ne saurait se produire dans un état qui abolit la propriété.

La deuxième observation, c'est que l'auteur nous transporte de Londres en Icarie tout brusquement, et nous débarque sans transition dans un pays organisé, agencé et rouagé; de telle sorte qu'il esquive ainsi l'obligation de nous indiquer la marche à suivre pour passer du régime social dans lequel nous vivons dans celui de la communauté icarienne.

Cabet a tenté cependant de donner l'historique de la révolution sociale qui avait produit le système qu'il dépeint :

Icare, un Babeuf heureux, triompha par la force dans une insurrection à la tête de laquelle il s'était placé. Cette insurrection dut être presque pacifique, puisqu'il n'y est pas question de sang versé. Elle eut ce magnifique résultat de conquérir d'un seul coup à Icare la confiance entière de la nation, de telle sorte qu'il put immédiatement dénoncer tous les vices de l'ancienne organisation sociale et l'absolue nécessité d'une transformation radicale et communiste. Il créa un système transitoire de cinquante ans, pendant lesquels le principe de la communauté resta libre et non obligatoire. Durant cette période, on appliqua toutes les lois fiscales et restrictives qui durent égaliser forcément toutes les positions. Et pour montrer avec quel enthousiasme le peuple accueillit cette transformation sociale, Cabet ajoute (page 360) :

« Icare avait immédiatement rendu à la liberté et à leur famille les malheureux condamnés qui, au moment de la révolution, encombraient les prisons et les bagnes, où les aristocrates et les riches les avaient entassés. Il les fit entrer dans l'armée et dans les ateliers de la république; les voleurs eux-mêmes qui voulaient travailler étaient immédiatement graciés, et presque tous eurent ensuite une conduite exemplaire. »

Il est difficile de s'égarer davantage dans le domaine de l'illusion, et de présenter avec plus d'assurance une fiction sociale aussi improbable que l'unanimité absolue de l'enthousiasme d'une nation tout entière et la conversion immédiate de tous les bas-fonds de la société, par le seul fait de la réussite d'un coup d'État et de la transformation politique et sociale suivant un système indiqué.

Pour Cabet, il tenta au Texas et dans l'Illinois, avec le concours de quelques adeptes, la réalisation de son gouvernement imaginaire; mais il ne put surmonter lui-même les difficultés de l'entreprise; il eut avec ses disciples de violentes discussions et des procès scandaleux; il est mort en 1856, dans un état voisin de la misère.

Je laisserai de côté toute l'histoire du socialisme moderne; j'ai tenu à donner à ce travail un caractère essentiellement historique. Mon sujet s'y prêtait, puisque le communisme est de tous temps. Je laisserai à d'autres plus autorisés le soin de vous entretenir des principales questions socialistes de notre époque et notamment des écoles saint-simoniennes et fourriéristes. Je n'ai plus pour ma part que quelques mots à ajouter sur les idées de Pierre Leroux, de Proudhon et de M. Louis Blanc.

Pierre Leroux élève le socialisme à la hauteur d'une religion dont il accepte l'apostolat; il revient sur la théorie des passions, qu'il prétend anéantir en créant un système idéal basé sur l'égalité et le travail. Comme tous ses devanciers, il attribue à la richesse tous les malheurs publics; il n'apporte, comme argument, que l'autorité d'un talent incontestable et d'une vie honnête.

Proudhon, plus économiste que philosophe, a cherché, pour assurer le règne du travail, à détruire celui du capital; il est difficile d'apprécier exactement ce contemporain qui, partant du principe : *la propriété c'est le vol*, revient ensuite à des théories contredisant formellement ses premières affirmations. Sa longue polémique avec Frédéric Bastiat, un des plus éminents esprits de notre époque, restera comme un monument de science économique acquis à la postérité.

M. Louis Blanc, que nous avons la satisfaction de voir mêlé aux luttes quotidiennes et prêter le concours de sa plume et de son talent aux polémiques sociales actuelles, a cherché à fonder en 1848 son sytème célèbre du droit au travail. Fortement pénétré des avantages de l'association, il voulut créer un être moral monopolisateur des capitaux qui pût en fournir à chacun selon ses besoins, après avoir réclamé de chacun selon ses capacités.

Enfin, Messieurs, pour conclure après ces deux entretiens nous restons en présence de deux principes :

1° La propriété est-elle la cause de tous les vices et de tous les maux?

2° Est-il possible de convertir, par un seul système à l'exclusion de tout autre, l'état social actuel en celui rêvé par les communistes?

A la première question, hâtons-nous de répondre que, devant toutes les imperfections de la nature, il y a une certaine audace à affirmer que le remède à l'inégalité sociale est dans la suppression d'une institution qui produit elle-même de si excellents résultats. N'est-ce point au désir de la propriété que nous devons le travail, la conduite et l'épargne, ce suprême moralisateur? C'est avec cet élément actif que l'on combat l'indolence et la paresse naturelles, causes incontestables de la débauche et des vices. Sans vouloir atténuer les désastreux effets de l'envie et de la concupiscence des richesses, il faut mettre en présence les bienfaits du pécule amassé à la sueur de son front par le père de famille; c'est évidemment un des sentiments les plus nobles et la plus légitime satisfaction que l'ordre social puisse donner au travailleur.

Quant à la deuxième question, la révolution qu'elle entraîne ne peut avoir la moindre application dans un pays ayant pour base politique le suffrage universel, c'est-à-dire la volonté libre de tous. C'est à la liberté poussée jusqu'à sa dernière limite qu'il faut laisser le soin d'appliquer tout système social qui n'entravera pas le libre exercice de la volonté de chacun. Il y a sans doute d'immenses profits à tirer de l'association, de la coopération; nous dirons donc : associez-vous, coopérez ensemble; mais qu'il soit bien entendu qu'il n'y a dans l'application aucune obligation pour personne et que chacun reste maître de soi dans toute la mesure de ses moyens d'action.

Il y a surtout un danger immense à éviter, c'est l'ÉTAT-MONOPOLE. Gardons-nous, Messieurs, de concentrer entre les mains d'un pouvoir quelconque une puissance aussi grande que celle de la fortune publique. Quels seraient les édiles distributeurs, ceux qui jugeraient des besoins et des capacités? On ne peut demander aux hommes que des sentiments humains, et on ne saurait sur ce point trop méditer cette sentence éternellement vraie du philosophe latin : *Errare humanum est.*

Quant à la liquidation sociale, telle que la demandent quelques économistes de notre temps et qui consiste à faire le partage des biens pour reporter une part virile sur la tête de chaque citoyen, ce n'est qu'une désorganisation sociale et un bouleversement anti-légal.

Si la société est gardienne du droit de propriété, c'est à elle qu'appartiennent les modifications ou les atténuations de ce droit. Il faut laisser en ces matières plein pouvoir au législateur, et à l'expérience le soin de recommander tel ou tel système. Il y a, du reste, une raison de bon sens : en établissant l'égalité de fortune, peut-on établir l'égalité de moyens, et ne voit-on pas qu'au lendemain de cette transformation sociale, les plus capables ou les plus heureux reprendraient sur les autres des avantages immédiats qui reconstitueraient l'inégalité?

Enfin, Messieurs, en repoussant le système de la communauté, réjouissons-nous de voir se répandre les lumières de l'instruction et de voir la fortune publique se diviser tous les jours davantage par les effets légaux.

Il y a, dans notre pays, d'après les recensements officiels, plus de 8 millions de propriétaires fonciers ; ajoutez-y la fortune mobilière plus divisée encore. Et si vous comparez ce tableau aux misères de l'ancien régime, où quelques milliers de nobles possédaient seuls la terre, à l'exclusion de la roture, vous jugerez des éternels bienfaits du régime démocratique inauguré en 1789.

Laissons à ce régime le soin d'achever son œuvre pour la diffusion du bien-être général; aidons-le de toute la force de nos moyens d'action; restons fidèles à son drapeau, et rappelons-nous que la vraie panacée universelle, pour les questions sociales comme pour les questions politiques, sera toujours le règne éternel de la liberté.

NOTES JUSTIFICATIVES

RÉPUBLIQUE DE PLATON.

(*Traduction Saisset.* — Livre VIIIᵉ à fin.)

Vous êtes tous frères, leur dirai-je ; mais le Dieu qui vous a formés a fait entrer de l'or dans la composition de ceux d'entre vous qui sont propres à gouverner les autres ; aussi sont-ils les plus précieux. Il a mêlé de l'argent dans la formation des guerriers, du fer et de l'airain dans celle des laboureurs et des autres artisans. Comme vous avez tous une origine commune, vous aurez pour l'ordinaire des enfants qui vous ressembleront. Mais il pourra se faire qu'un citoyen de la race d'or ait un fils de la race d'argent, qu'un autre de la race d'argent mette au monde un fils de la race d'or, et que la même chose arrive à l'égard des autres races. Or, ce dieu ordonne principalement aux magistrats de prendre garde, sur toutes choses, au métal dont l'âme de chaque enfant est composée. Et si leurs propres enfants ont quelque mélange de fer ou d'airain, il ne veut pas qu'ils leur fassent grâce, mais qu'ils les relèguent dans l'état qui leur convient, soit d'artisan, soit de laboureur. Il veut aussi que si ces derniers ont des enfants qui laissent voir de l'or ou de l'argent, on les élève, ceux-ci à la condition des guerriers, ceux-là à la dignité des magistrats, parce qu'il y a un oracle qui dit que la république périra lorsqu'elle sera gouvernée par le fer ou par l'airain. Sais-tu quelque moyen de leur insinuer que cette fable est une vérité? — Je ne vois aucun moyen d'en convaincre ceux dont nous parlons; mais je crois qu'on peut le persuader à leurs enfants et à tous ceux qui naîtront dans la suite. — Je comprends ce que tu veux dire. Cela serait excellent pour leur inspirer encore plus l'amour de la patrie et de leurs concitoyens. Que cette invention ait donc tout le succès qu'il plaira à la renommée de lui donner. Pour nous, armons à présent ces fils de la terre, et faisons-les avancer sous la conduite de leurs chefs. Qu'ils s'approchent, et qu'ils choisissent dans notre État un lieu pour camper, d'où ils soient le mieux à portée de réprimer les séditions du dedans et de repousser les attaques du dehors, si l'ennemi vient, comme un loup, fondre sur le troupeau; qu'après avoir placé leur camp, et fait des sacrifices à qui il convient d'en faire, ils dressent pour eux des tentes, n'est-ce pas? — Sans doute. — Telles qu'elles puissent les garantir du froid et du chaud. — Sans contredit; car tu parles apparemment de leurs habitations. — Oui, d'habitations de guerriers et non de banquiers. — Quelle différence y mets-tu? — Je vais te l'expliquer. Rien ne serait plus triste et plus honteux pour des bergers que de nourrir, pour la garde de leurs troupeaux, des chiens que l'intempérance, la faim, ou quelque autre appétit désordonné porterait à nuire aux troupeaux qu'on leur aurait confiés, et à devenir loups, de chiens qu'ils devraient être. — Cela serait triste en effet. — Prenons donc garde de toute manière que nos guerriers ne fassent de même à l'égard des autres citoyens, d'autant plus qu'ils ont la force en main, et qu'au lieu d'être leurs défenseurs et leurs protecteurs, ils ne deviennent leurs maîtres et leurs tyrans. — Il faut prévenir ce désordre. — Mais la plus sûre manière de le prévenir, n'est-ce pas de leur donner une excellente éducation? Ils l'ont déjà reçue. — Je ne voudrais pas encore l'assurer, mon cher Glaucon. Ce qu'il y a de certain, c'est, comme nous le disions tout à l'heure, qu'une bonne éducation, quelle qu'elle soit, leur est nécessaire pour le point le plus important, qui est d'avoir de la douceur, soit entre eux, soit envers ceux qu'ils sont chargés de défendre. — Cela est vrai. — Outre cette éducation, tout homme sensé conviendra que les habitations et la fortune qu'on leur assignera doivent être telles, que rien ne les empêche d'être excellents gardiens, et ne les porte à nuire à leurs concitoyens. — Il aura raison. — Vois si le genre de vie et l'espèce de logement que je leur propose sont propres à cette fin : je veux premièrement qu'aucun d'eux n'ait rien qui soit à lui seul, à moins que cela ne soit absolument nécessaire ; qu'ils n'aient ensuite ni maison, ni magasin où tout le monde ne puisse entrer. Quant à la nourriture convenable à des guerriers sobres et courageux, les autres citoyens seront chargés de la leur fournir comme la juste récompense de leurs services ; de sorte cependant qu'ils n'en aient ni trop ni trop peu pour l'année. Qu'ils mangent assis à des tables communes, et qu'ils vivent ensemble comme doivent vivre des guerriers au camp. Qu'on leur fasse entendre que les dieux ont mis dans leur âme de l'or et de l'argent divin, qu'ils n'ont, par conséquent, aucun besoin de l'or et de l'argent des hommes ; qu'il ne leur est pas permis de souiller la possession de cet or immortel par l'alliage de l'or terrestre ; que l'or qu'ils ont est pur, au lieu que celui des hommes a été en tout temps la source de bien des crimes ; qu'ainsi ils sont les seuls entre les citoyens à qui il soit défendu de manier, de toucher même ni or ni argent, d'en garder sous leur toit, d'en mettre sur leurs vêtements ; de boire dans des coupes d'or ou d'argent ;

et que c'est là l'unique moyen de se conserver, eux et l'État. Car, dès qu'ils auront en propre des terres, des maisons, de l'argent, de gardiens qu'ils sont, ils deviendront économes et laboureurs ; de défenseurs de l'État, ses ennemis et ses tyrans; ils passeront leur vie à se haïr mutuellement, à se dresser des embûches les uns aux autres; dès lors on a plus à craindre des ennemis du dedans que de ceux du dehors, et la république et eux-mêmes courront à grands pas vers leur ruine. Voilà les raisons qui m'ont engagé à faire ce règlement sur leur logement et les possessions de nos guerriers. En ferons-nous une loi ou non? — J'y consens, dit Glaucon.

HISTOIRE
DE LA
LÉGISLATION ROMAINE.

(*Ortolan*. — 2me édition 1842, chapitre II, page 164.)

DROIT CIVIL.

Sur les personnes, sur les choses, sur la propriété, sur les testaments, sur les successions, sur les contrats, sur les actions, tout prend un caractère particulier au seul peuple romain.

Sur les personnes : des hommes, chefs de famille, maîtres d'eux-mêmes (sui juris); d'autres soumis au pouvoir d'autrui (alieni juris); la puissance sur l'esclave, la puissance paternelle (potestas), la puissance maritale (manus), encore intactes et telles que nous les avons développées; les droits (mancipium) sur l'homme libre qu'on achète, sur celui qui est attribué au créancier par déclaration du magistrat (addictus) pour le payement de ses dettes ou pour la réparation de quelque dommage (depuis la loi Petilia Papiria, il ne doit plus y avoir de *nexi*); le lien civil (agnatio), qui ne tient qu'à l'existence dans la même famille, et auprès duquel la parenté du sang (cognatio) n'est rien; la *gentilitas*, agnation des familles éternellement ingénues, et sorte de droit de parenté civile qu'elles ont sur les races de clients ou d'affranchis dérivées d'elles; enfin la tutelle perpétuelle qui pèse sur les femmes durant leur vie entière;

Sur les choses et sur la propriété : les choses distinguées en deux classes diverses, selon qu'elles sont ou non susceptibles de mancipation (res mancipi; res nec mancipi) ; la propriété du citoyen romain, propriété quiritaire (mancipium), mise à la place de la propriété ordinaire; indestructible si ce n'est par les moyens qu'indique la loi (*mancipatio, in jure cessio* ou *addictio, adjudicatio, usucapio, lex,* d'après le droit quiritaire); de telle sorte que celui qui vous a livré, abandonné sa chose, peut encore, pendant un certain temps, la poursuivre, et la reprendre dans vos mains s'il ne l'a pas aliénée avec les formalités voulues selon la nature de cette chose;

Sur les testaments : la liberté absolue laissée au chef de disposer à volonté de tous ses biens, même de ceux que lui ont acquis les membres de la famille, sans que ceux-ci puissent se plaindre s'ils ont été dépouillés; les formes du testament, qui d'abord devait être décrété par les curies comme une loi (testamentum calatis comitiis), et qui se fait aujourd'hui par une vente solennelle et fictive de l'hérédité (testamentum per æs et libram, per mancipationem) ;

Sur les successions : les droits d'hérédité accordés non pas au lien du sang, mais au lien civil seulement (agnatio; gentilitas); le fils qui renvoyé de la famille n'y a plus aucun droit; la mère qui ne succède pas à l'enfant, l'enfant qui ne succède pas à sa mère ;

Sur les contrats : la formalité *per æs et libram,* ou la mancipation, le *nexum,* dans son expression générique, servant à contracter les obligations de même qu'elle sert à transférer la propriété, parce que les paroles prononcées dans cette formalité (nuncupatio) font la loi des parties (lex mancipii); puis une nouvelle forme de contrat s'introduisant, le contrat *verbis* (ou stipulatio, sponsio), première dérivation du *nexum,* parce que les paroles sont détachées de cette solennité, le pesage *per æs et libram* étant tenu pour accompli, et les parties se bornant à s'interroger et à se répondre solennellement, en ces paroles quiritaires, les seules encore admises, et exclusivement propres aux citoyens romains : Spondes-Ne ? Spondeo ; toute convention quelconque, non revêtue de ces formes du *nexum* ou de la *sponsio*, ne produisant par elle-même aucun lien ; la vente (venum datio), le louage (locatio, con-ductio), le mandat (man-datum), la mise en société (societatem co-ire), n'intervenant encore, ainsi que leurs propres dénominations le signifient clairement, que comme un fait exécuté de part ou d'autre, mais non comme un pur accord des volontés, qui puisse par la force spirituelle de ce simple accord, et indépendamment de tout fait matériel d'exécution, engager les parties les unes aux autres ;

Sur les actions : la nécessité des pantomimes symboliques, des actes sacramentels et des formules consacrées, dans les quatre actions de la loi : le *sacramentum* et la *judicis postulatio*, pour les contestations à engager et à résoudre ; la *manus injectio* et la *pignoris capio*, pour les voies d'exécution ; le plaideur renvoyé, déchu de son droit, lorsqu'il n'a pas observé fidèlement toutes les formalités et ne pouvant plus recommencer sa poursuite parce qu'il a usé son action ;

Voilà autant de principes de droit qu'on ne retrouve presque dans aucune autre législation. C'est ici le moyen âge de la république ; l'âpreté de Rome naissante s'unit à la force donnée par les victoires ; la rigueur des premiers principes existe encore dans toute son énergie. Mais nous sommes sur la limite. Les conquêtes lointaines vont venir, les richesses, le luxe, les étrangers, la civilisation, les lois naturelles, le droit prétorien, et devant toutes ces innovations vont disparaître lentement le droit public et le droit civil quiritaire, le droit des hommes à la lance.

MŒURS ET COUTUMES.

Parmi les premières coutumes de Rome, celles qui se liaient le plus intimement au droit sont maintenant presque toutes transformées en lois. Il est cependant d'autres usages qui méritent de fixer notre attention parce qu'ils servent à peindre l'époque actuelle. Les généraux se dévouent pour la république, afin de dévouer avec eux les légions et les auxiliaires ennemis. Les dictateurs quittent l'épée pour la charrue et le commandement de leur armée pour la culture de leur champ. Les consuls reçoivent les envoyés des peuples ennemis assis à une table rustique, couverte de vases d'argile. Des lois somptuaires et, mieux que tout cela, l'opinion publique, flétrissent le luxe; et quel luxe! un consulaire est noté par le censeur parce qu'il possède en vaisselle d'argent le poids de dix livres; la pourpre paraît à peine sur la robe des magistrats; mais cette robe, *la prétexte*, ne peut être portée par les simples citoyens, et la robe des citoyens, *la toge*, ne peut être portée ni par les esclaves ni par les étrangers. L'hospitalité s'exerce dans toute sa simplicité. Partout enfin se voient encore la force et la pauvreté. Mais ce que nous avons dit pour le droit civil, nous pouvons le dire aussi pour les mœurs : nous sommes sur la limite, elles vont commencer à s'évanouir progressivement. Déjà les richesses de Tarente et de l'Italie préparent ce changement; d'un autre côté la décadence du patriciat, l'élévation des plébéiens, effacent quelques coutumes anciennes; la clientèle s'affaiblit et s'éteint, les liens qu'elle produisait perdent de leur énergie et de leur utilité; une infinité de plébéiens se suffisent à eux-mêmes : nouveaux venus, ils ne sont plus attachés nécessairement, comme dans l'origine de Rome, à un patron ; les grands prendront bientôt pour leurs clients, à défaut de citoyens, des villes alliées et des provinces entières.

HISTOIRE DE FRANCE.

(Henri Martin : Tome XV, livre xcvi. — *Les Philosophes*.)

Les idées marchaient cependant : tandis que le gouvernement redoublait de tyrannie envers les protestants et que les jésuites s'efforçaient de réveiller les passions fanatiques en inventant de nouveaux rites et de nouvelles superstitions, il se formait, dans un esprit opposé, une institution singulière, qui subit non point l'action directe de Voltaire, mais très-évidemment son influence morale, et plus tard celle de Rousseau. En face du Sacré-Cœur s'organisait la franc-maçonnerie. Nous ne recherchons pas ses véritables origines, ses liens avec les anciens maîtres ès-œuvres, les frères pontifes, les rose-croix, les compagnonnages, ni la filiation mystérieuse des templiers depuis la proscription de leur ordre ; il n'y aurait là qu'un intérêt de curiosité, car les francs-maçons modernes n'ont puisé dans ces traditions que des insignes et non des idées : l'importance historique de la franc-maçonnerie et ses tendances essentielles appartiennent entièrement au xviiie siècle. Elle nous vient du pays que nous commencions à tant imiter, nous qui étions habitués à fournir des modèles aux autres, du pays de Bolingbroke, de Newton et de Locke; mais la France la transforma, comme elle transforme ce qu'elle imite. La franc-maçonnerie, au siècle précédent, avait pris la forme de sociétés secrètes politiques, durant les guerres civiles d'Angleterre; en 1724, elle manifesta publiquement à Londres son existence, sinon son but, qui n'avait, à ce qu'il semble, rien de bien déterminé; en 1725, elle fut introduite en France par des jacobites anglais, à la tête desquels était lord Derwent Water, qui fut condamné à mort quelques années après par les juges du roi Georges. Ce furent les adhérents vaincus du catholicisme ultramontain et de la monarchie absolue qui propagèrent en France une association si propre, par sa nature, à abriter les principes les plus contraires au despotisme politique et religieux. C'est là une de ces contradictions dont l'histoire est remplie. Au reste, Bolingbroke n'avait-il pas été jacobite?

Les loges maçonniques ne commencèrent à se développer un peu largement à Paris que vers 1736; en 1738 seulement, elles sortirent des mains des étrangers qui les avaient fondées, se donnèrent pour grand maître un grand seigneur français, le duc d'Antin, puis un prince du sang, le comte de Clermont (1743). Ce haut patronnage ne les préserva pas des tracasseries de la police. Le cardinal de Fleury, ennemi de toute nouveauté, fit fermer les loges des maçons comme il avait fait fermer le *Club de l'entre-sol*. Après la mort de Fleury, le Châtelet continua de rendre sentence sur sentence contre les francs-maçons, qui ne s'en multiplièrent que davantage et qui se répandirent de Paris dans les provinces. Des titres pleins d'emphase, des rites bizarres, imités des mystères antiques comme pour appuyer des prétentions a une antiquité fabuleuse, ne doivent pas faire méconnaître ce qu'il y eut de sérieux dans les effets directs et surtout indirects de l'institution maçonnique. Ce qu'il y avait d'un peu vague dans le but d'une association qui ne se proposait d'abord que de « *réunir toutes les nations par l'amour de la vérité et des beaux-arts* » fut précisément ce qui fit la force et l'efficacité de la franc-maçonnerie. Associer dans un rite commun des hommes de toute nation et de toute religion, c'était tendre à substituer l'amour de l'humanité au nationalisme exclusif et haineux et la tolérance religieuse au fanatisme et à l'esprit sectaire. Le despotisme politique et religieux, en excluant de tout corps politique, militaire, littéraire ou industriel quiconque ne professait pas la religion de l'État, avait parfaitement compris son rôle : les hommes de liberté comprirent aussi le leur en propageant la franc-maçonnerie.

Il semble que la maçonnerie ait cherché à dépasser le principe négatif de la tolérance : le temple symbolique, le *grand Architecte de l'univers*, les appels à la mémoire de certains des législateurs du Haut Orient, et surtout de ce Zoroastre, chez qui Voltaire paraît aussi sentir d'instinct le premier éveil du génie de l'Occident, toutes ces formules indiquent une tendance à affirmer la religion naturelle. Les successeurs de ces francs-maçons d'autrefois qui ont construit l'Église exclusive du moyen âge, semblent aspirer à construire le temple universel ; mais ces aspirations dépassent la portée religieuse du XVIIIe siècle : un déisme sans négation ni affirmation de ce qui dépasse la croyance en Dieu, un esprit de tolérance, de charité et de philanthropie, voilà où s'est arrêtée la *franc-maçonnerie*.

OPINION DE TURGOT

SUR LA SITUATION DES CLASSES LABORIEUSES
SOUS L'ANCIEN RÉGIME.

Exposé des motifs portant suppression des jurandes, donné à Versailles, en février 1776, enregistré le 12 mars, malgré le Parlement, en lit de justice.

Louis, etc. Nous devons à tous nos sujets de leur assurer la jouissance pleine et entière de leurs droits; nous devons surtout cette protection à cette classe d'hommes qui, n'ayant de propriété que leur travail et leur industrie, ont d'autant plus le besoin et le droit d'employer, dans toute leur étendue, les seules ressources qu'ils aient pour subsister...

Dieu, en donnant à l'homme des besoins, en lui rendant nécessaire la ressource du travail, fait du *droit de travailler* la propriété de tout homme, et cette propriété est la première, la plus sacrée et la plus imprescriptible de toutes.

Nous regardons comme un des premiers devoirs de notre justice, et comme un des actes les plus dignes de notre bienfaisance, d'affranchir nos sujets de toutes les atteintes portées à ce droit inaliénable de l'humanité. Nous voulons en conséquence abroger ces institutions arbitraires qui ne permettent pas à l'indigent de vivre de son travail, qui repoussent un sexe à qui sa faiblesse a donné plus de besoins et moins de ressources, et qui semblent, en le condamnant à une misère inévitable, seconder la séduction et la débauche ; qui éteignent l'émulation et l'industrie, et rendent inutiles les talents de ceux que les circonstances excluent de l'entrée d'une communauté ; qui privent l'État et les arts de toutes les lumières que les étrangers y apporteraient ; qui retardent le progrès de ces arts, par les difficultés multipliées que rencontrent les inventeurs auxquels différentes communautés disputent le droit d'exécuter des découvertes qu'elles n'ont point faites ; qui, par les frais immenses que les artisans sont obligés de payer pour acquérir la faculté de travailler, par les exactions de toute espèce qu'ils essuient, par les saisies multipliées pour de prétendues contraventions, par les dépenses et les dissipations de tout genre, par les procès interminables qu'occasionnent entre toutes ces communautés leurs prétentions respectives sur l'étendue de leurs priviléges exclusifs, surchargent l'industrie d'un impôt énorme, onéreux aux sujets, sans aucun fruit pour l'État ; qui enfin, par la facilité qu'elles donnent aux membres des communautés de se liguer entre eux, de forcer les membres les plus pauvres à subir la loi des riches, deviennent un instrument de monopole, et favorisent des manœuvres dont l'effet est de hausser au-dessus de leur proportion naturelle les denrées les plus nécessaires à la subsistance du peuple.

Nous ne serons point arrêtés dans cet acte de justice par la crainte qu'une foule d'artisans n'usent de la liberté rendue à tous pour exercer des métiers qu'ils ignorent, et que le public ne soit inondé d'ouvrages mal fabriqués. La liberté n'a point produit ces fâcheux effets dans les lieux où elle est établie.....

CONJURATION DE BABEUF,

MANIFESTE DES ÉGAUX, RÉDIGÉ PAR SYLVAIN MARÉCHAL

> Égalité de fait, dernier but de l'art social.
> CONDORCET.

PEUPLE DE FRANCE,

Pendant quinze siècles tu as vécu esclave, et par conséquent malheureux. Depuis six années, tu respires à peine, dans l'attente de l'indépendance, du bonheur et de l'égalité.

L'égalité, premier vœu de la nature, premier besoin de l'homme et principal nœud de toute association légitime ! Peuple de France, tu n'as pas été plus favorisé que les autres nations qui végètent sur ce globe infortuné ! Toujours et partout la pauvre espèce humaine, livrée à des anthropophages plus ou moins adroits, servit de jouet à toutes les ambitions, de pâture à toutes les tyrannies. Toujours et partout, on berça les hommes de belles paroles : jamais et nulle part ils n'ont obtenu la chose avec le mot. De temps immémorial, on nous répète avec hypocrisie : *Les hommes sont égaux ;* et de temps immémorial la plus avilissante comme la plus monstrueuse inégalité pèse insolemment sur le genre humain. Depuis qu'il y a des sociétés civiles, le plus bel apanage de l'homme est sans contradiction reconnu, mais il n'a pu encore se réaliser une seule fois; l'égalité ne fut donc qu'une belle et stérile fiction de la loi. Aujourd'hui qu'elle est réclamée d'une voix plus forte, on nous répond : Taisez-vous, misérables ! L'égalité de fait n'est qu'une chimère; contentez-vous de l'égalité conditionnelle; vous êtes tous égaux devant la loi. Canaille, que te faut-il de plus? Ce qu'il nous faut de plus? Législateurs, gouvernants, riches propriétaires, écoutez à votre tour.

Nous sommes tous égaux, n'est-ce pas? Ce principe demeure incontesté, parce qu'à moins d'être atteint de folie, on ne saurait dire sérieusement qu'il fait nuit quand il fait jour.

Eh bien, nous prétendons désormais vivre et mourir égaux comme nous sommes nés ; nous voulons l'égalité réelle ou la mort ; voilà ce qu'il nous faut.

Et nous l'aurons, l'égalité réelle, n'importe à quel prix. Malheur à ceux que nous rencontrerons entre elle et nous! Malheur à qui ferait résistance à un vœu aussi prononcé !

La révolution française n'est que l'avant-courrière d'une autre révolution bien plus grande, bien plus solennelle, et qui sera la dernière.

Le peuple a marché sur le corps aux rois et aux prêtres coalisés contre lui ; il en fera de même aux nouveaux tyrans, aux nouveaux tartuffes politiques assis à la place des anciens.

Ce qu'il nous faut de plus que l'égalité des droits?

Il nous faut non pas seulement cette égalité transcrite dans la Déclaration des Droits de l'Homme et du Citoyen, nous la voulons au milieu de nous, sous le toit de nos maisons. Nous consentons à tout pour elle, *à faire table rase pour nous en tenir à elle seule*. Périssent, s'il le faut, *tous les arts*, pourvu qu'il nous reste l'égalité réelle !

Législateurs et gouvernants, qui n'avez pas plus de génie que de bonne foi, propriétaires riches et sans entrailles, en vain essayez-vous de neutraliser cette sainte entreprise, en disant : Ils ne font que reproduire cette loi agraire demandée plus d'une fois avant eux.

Calomniateurs, taisez-vous à votre tour, et, dans le silence de la confusion, écoutez nos prétentions dictées par la nature et basées sur la justice.

La loi agraire, ou partage des campagnes, fut le vœu instantané de quelques soldats sans principes, de quelques peuplades mues par leur instinct plutôt que par la raison. Nous tendons à quelque chose de plus sublime et de plus équitable : *le bien commun ou la communauté de biens*. Plus de propriété individuelle des terres : *la terre n'est à personne*. Nous réclamons, nous voulons la jouissance communale des fruits de la terre : *les fruits sont à tout le monde*.

Nous déclarons ne pouvoir souffrir davantage que la très-grande majorité des hommes travaille et sue au service et sous le bon plaisir de l'extrême minorité.

Assez et trop longtemps moins d'un million d'individus disposa de ce qui appartient à plus de vingt millions de leurs semblables et de leurs égaux.

Qu'il cesse enfin ce grand scandale que nos neveux ne voudront pas croire. Disparaissez enfin, révoltantes distinctions de riches et de pauvres, de grands et de petits, de maîtres et de valets, de gouvernants et de gouvernés.

Qu'il ne soit plus d'autre différence parmi les hommes que celles de l'âge et du sexe. Puisque tous ont les mêmes facultés, les mêmes besoins, qu'il n'y ait plus pour eux qu'une seule éducation, *une seule nourriture*. Ils se contentent d'un seul soleil et d'un air pour tous : *pourquoi la même portion et la même qualité d'aliments ne suffiraient-ils pas pour chacun d'eux ?*

Mais déjà les ennemis d'un ordre de choses le plus

naturel qu'on puisse imaginer déclament contre nous. Désorganisateurs et factieux, nous disent-ils, vous ne voulez que des massacres et du butin.

Peuple de France,

Nous ne perdons pas de temps à leur répondre, mais nous te dirons : La sainte entreprise que nous organisons n'a d'autre but que de mettre un terme aux dissensions civiles et à la misère publique.

Jamais plus vaste dessein n'a été conçu et mis à exécution. De loin en loin, quelques hommes de génie, quelques sages en ont parlé d'une voix basse et tremblante. Aucun d'eux n'a eu le courage de dire la vérité tout entière.

Le moment des grandes mesures est arrivé. Le mal est arrivé à son comble ; il couvre la face du globe. Le chaos, sous le nom de politique, y règne depuis trop de siècles. Que tout rentre dans l'ordre et reprenne sa place. A la voix de l'égalité, que les éléments de la justice et du bonheur s'organisent, l'instant est venu de fonder la *République des égaux,* ce grand hospice ouvert à tous les hommes. *Les jours de restitution générale sont arrivés.* Familles gémissantes, venez vous asseoir à la table commune dressée par la nature pour tous ses enfants.

Peuple de France,

La plus pure de toutes les gloires t'était donc réservée! Oui, c'est toi qui, le premier, dois offrir au monde ce touchant spectacle.

D'anciennes habitudes, d'antiques préventions voudront de nouveau faire obstacle à l'établissement de la *République des égaux.* L'organisation de l'égalité réelle, la seule qui réponde à tous les besoins, sans faire de victimes, sans coûter de sacrifices, ne plaira peut-être point à tout le monde. L'égoïste, l'ambitieux, frémiront de rage. Ceux qui possèdent injustement crieront à l'injustice. Les jouissances exclusives, les plaisirs solitaires, les aisances personnelles causeront de vifs regrets à quelques individus blasés sur les peines d'autrui. Les amants du pouvoir absolu, les vils suppôts de l'autorité arbitraire, ploieront avec peine leurs chefs superbes sous le niveau de l'égalité réelle. Leur vue courte pénétrera difficilement dans le prochain avenir du bonheur commun ; mais que peuvent quelques milliers de mécontents contre une masse d'hommes, tous heureux, et surpris d'avoir cherché si longtemps une félicité qu'ils avaient sous la main ?

Dès le lendemain de cette véritable révolution, ils se diront tout étonnés : Eh quoi ! le bonheur commun tenait à si peu ? Nous n'avions qu'à le vouloir. Ah ! pourquoi ne l'avons-nous pas voulu plus tôt ! Oui, sans doute, *un seul homme sur la terre, plus riche, plus puissant que ses semblables, que ses égaux, l'équilibre est rompu ;* le crime et le malheur sont sur la terre.

PEUPLE DE FRANCE,

A quel signe dois-tu désormais reconnaître l'excellence d'une constitution ?... Celle qui tout entière repose sur l'égalité de fait est la seule qui puisse te convenir et satisfaire à tes vœux.

Les chartes aristocratiques de 1791 et 1795 rivaient les fers au lieu de les briser ; celle de 1793 était un grand pas de fait vers l'égalité réelle, on n'en avait pas encore approché de si près, mais elle ne touchait point le but et n'abordait point le bonheur commun dont pourtant elle consacrait solennellement le grand principe.

PEUPLE DE FRANCE,

Ouvre les yeux et ton cœur à la plénitude de la félicité : reconnais et proclame avec nous la *République des égaux*.

PLAN DU COMITÉ INSURRECTEUR
SAISI AU DOMICILE DU DÉPUTÉ DROUET.

LIBERTÉ, ÉGALITÉ, BONHEUR COMMUN.

Création d'un Directoire insurrecteur.

Des démocrates français, douloureusement affectés, profondément indignés, justement révoltés de l'état inouï de misère et d'oppression dont leur malheureux pays offre le spectacle ;

Pénétrés du souvenir que lorsqu'une constitution démocratique fut donnée au peuple et acceptée par lui, le dépôt en fut remis *sous la garde de toutes les vertus* ;

Considérant en conséquence que c'est aux vertus les plus pures, les plus courageuses qu'appartient l'initiative de venger le peuple, lorsque, comme aujourd'hui, ses droits sont usurpés, sa liberté ravie, et jusqu'à son existence compromise ;

Reconnaissant que c'est un reproche injuste que celui qui accuse le peuple de lâcheté, et que le peuple n'a jusqu'ici ajourné sa justice qu'à défaut de voir de bons conducteurs prêts à paraître à sa tête ;

Reconnaissant que le comble de la mesure des crimes d'une autorité usurpatrice a mûri les dispositions de toutes les âmes en faveur d'une explosion révolutionnaire, au point que pour la rendre fructueuse, pour mettre les régulateurs en mesure d'en assurer le succès, il sera peut être nécessaire de tempérer plutôt que d'accélérer l'élan des hommes libres,

Ont résolu ce qui suit :

Art. 1er. — Ils se forment dès ce moment en directoire insurrecteur, sous le nom de *Directoire secret de salut public*. Ils prennent en cette qualité l'initiative de la conduite de tous les mouvements qui doivent mener le peuple à ressaisir sa souveraineté.

Art. II. — Ce Directoire est de quatre membres.

Art. III. — Ce Directoire sera secret; les noms de ses membres ne seront même point connus des premiers agents. Il y aura entre ceux-ci et les membres du Directoire des agents intermédiaires pour servir les communications des uns aux autres.

Art. IV. — Le Directoire secret du salut public s'engage à remplir l'immense étendue de devoirs que ce grand titre lui impose.

Art. V. — Il sera apposé une marque distinctive aux instructions par écrit qui seront indispensables à donner aux principaux agents, et cette marque servira à les prémunir contre toute surprise sur de fausses instructions; elle leur garantira, malgré le défaut de signature, l'authenticité des actes qu'ils recevront du Directoire secret.

LETTRE ADRESSÉE PAR BABEUF
DE LA PRISON DU TEMPLE AUX DIRECTEURS.

Paris, le 23 floréal, l'an IV de la République.

G. Babeuf au Directoire exécutif.

Regardez-vous au-dessous de vous, citoyens directeurs, de traiter avec moi comme de puissance à puissance? Vous avez vu à présent de quelle vaste confiance je suis le centre ; vous avez vu que mon parti peut bien balancer le vôtre ; vous avez vu quelles immenses ramifications y tiennent. J'en suis presque convaincu, cet aperçu vous a fait trembler.

Est-il de votre intérêt, est-il de l'intérêt de la patrie, de donner de l'éclat à la conjuration que vous avez découverte? Je ne le pense pas. Je motiverai comment mon opinion ne peut être suspecte.

Qu'arriverait-il, si cette affaire paraissait au grand jour? Que j'y jouerais le plus glorieux de tous les rôles. J'y démontrerai, avec toute la grandeur d'âme, avec l'énergie que vous me connaissez, la sainteté de la conspiration dont je n'ai jamais nié d'être membre ; sortant de cette route lâche et frayée des dénégations dont le commun des accusés se sert pour parvenir à se justifier, j'oserai développer les grands principes et plaider les droits éternels du peuple, avec tout l'avantage que donne l'intime persuasion de la beauté de ce sujet ; j'oserai, dis-je, démontrer que ce procès ne serait pas celui de la justice, mais celui du fort contre le faible, des oppresseurs contre les opprimés et leurs magnanimes défenseurs. On pourrait me condamner à la déportation, à la mort; mais un jugement serait aussitôt réputé prononcé par le crime puissant contre la vertu faible; mon échafaud figurerait glorieusement à côté de celui de Barnevelt et de Sidney. Veut-on, et dès le lendemain du supplice, me préparer des autels à côté de ceux où l'on révère aujourd'hui Robespierre et les Goujon? Ce n'est point là la voie qui assure les gouvernements et les gouvernés.

Vous avez vu, citoyens directeurs, que vous ne tenez rien lorsque je suis sous votre main. Je ne suis pas toute la conspiration, il s'en faut bien. Je ne suis même qu'un simple point de la longue chaîne dont elle se compose. Vous avez à redouter toutes les autres parties autant que la mienne. Cependant vous avez la preuve de tout l'intérêt qu'elles prennent à moi; vous les frapperiez toutes en me frappant, et vous mettriez le comble à leur irritation.

Vous irriterez, dis-je, toute la démocratie de la république française, et vous savez encore que ce n'est pas si peu de chose que vous aviez pu d'abord l'imaginer.

Reconnaissez que ce n'est pas seulement à Paris qu'elle existe si fortement; voyez qu'il n'est pas un point des départements où elle ne soit puissante. Vous la jugeriez bien mieux, si vos captureurs avaient saisi la grande correspondance qui a mis à portée de former des nomenclatures dont vous n'avez aperçu que quelques fragments. On a beau vouloir comprimer le feu sacré, il brûle ou il brûlera. Plus il paraît, dans certains instants, anéanti, plus sa flamme menace de se réveiller subitement, forte et explosive.

Entreprendrez-vous de vous délivrer en total de cette vaste secte sans-culottique qui n'a pas voulu encore se déclarer vaincue? Il faudrait d'abord en supposer la possibilité; mais où vous trouverez-vous ensuite? Vous n'êtes pas tout à fait dans la même position que celui qui déporta, après la mort de Cromwell, quelques milliers de républicains anglais. Il était roi, et, quoi qu'on en ait dit, vous ne l'êtes pas encore ; vous avez besoin d'un parti pour vous soutenir : et ôtez-lui celui des patriotes, vous êtes exclusivement celui du royalisme. Que de chemin croyez-vous qu'il vous ferait voir, si vous étiez seul contre lui ?

Mais, direz-vous, les patriotes nous sont aussi dangereux que les royalistes, et peut-être plus. Vous vous trompez. Remarquez bien le caractère de l'entreprise des patriotes, vous ne distinguerez pas qu'ils voulaient votre mort et c'est une calomnie de l'avoir fait publier. Moi, je puis vous dire qu'ils ne la voulaient pas : ils voulaient marcher par d'autres voies que celle de Robespierre; ils ne voulaient point de sang ; ils voulaient vous forcer à confesser vous-mêmes que vous avez fait du pouvoir un usage oppressif, que vous en avez écarté toutes les formes et les sauvegardes populaires, et ils voulaient vous le reprendre ; ils n'en seraient point venus là, si, comme vous aviez semblé le promettre après vendémiaire, vous vous étiez mis en mesure de gouverner populairement.

Moi-même, par mes premiers numéros, je vous en avais voulu ouvrir la porte; j'avais dit comment j'entendais que vous auriez pu vous couvrir des bénédictions du peuple ; j'avais expliqué comment il me paraissait possible que vous fissiez disparaître tout ce que le caractère constitutionnel de votre gouvernement offre de contraste avec les véritables principes républicains.

Eh bien! il en est temps encore ; la tournure du dernier événement peut devenir profitable et salvatrice pour vous-mêmes et pour la chose publique ; dédaignerez-vous mon avis et ma conclusion, qui sont que l'intérêt de la patrie, et le vôtre consiste à ne point donner de célébrité à l'affaire présente ? J'ai cru apercevoir que c'est aussi déjà votre avis de la traiter politiquement. Il me semble que vous ferez bien. Ne croyez pas intéressée la demande que je fais : à la manière franche et neuve dont je ne cesse de me déclarer coupable dans le sens que vous m'accusez, je fais voir que je n'agis point par faiblesse ; la mort ou l'exil serait pour moi le chemin de l'immortalité, et j'y marcherais avec un zèle héroïque et religieux ; mais ma proscription, mais celle de tous les démocrates ne vous avanceraient point, et n'assureraient pas le salut de la république. J'ai réfléchi qu'au bout du compte vous ne fûtes pourtant pas constamment les ennemis de cette république, vous fûtes même évidemment républicains de bonne foi ; pourquoi ne le seriez-vous pas encore ? Pourquoi ne croirait-on pas que vous, qui êtes hommes, ne seriez pas temporairement égarés comme d'autres, par l'effet inévitable d'exaspérations différentes des nôtres, dans lesquelles les circonstances nous ont jetés ? Pourquoi enfin ne reviendrions-nous pas tous de notre état extrême, et n'embrasserions-nous pas un terme raisonnable ? Les patriotes, la masse du peuple, ont le cœur ulcéré. Faut-il le leur déchirer encore plus ? Qu'en sera le dernier résultat ? Ne mériteraient-ils pas bien, ces patriotes, au lieu qu'on aggrave leurs blessures, qu'on songe enfin à les guérir ? Vous aurez, quand il vous plaira, l'initiative du bien, parce qu'en vous réside toute la force de l'administration publique. Citoyens directeurs, *gouvernez populairement*, voilà tout ce que ces mêmes patriotes vous demandent.

En parlant ici pour eux, je suis sûr qu'ils n'interrompront pas ma voix ; je suis sûr de n'être point par eux démenti. Je ne vois qu'un parti sage à prendre : déclarez qu'il n'y a point eu de conspiration sérieuse. Cinq hommes, en se montrant grands et généreux, peuvent aujourd'hui sauver la patrie. Je vous réponds encore que les patriotes vous couvriront de leurs corps, et vous n'aurez plus besoin d'armées entières pour vous défendre. Les patriotes ne vous haïssent pas, ils n'ont haï que vos actes impopulaires. Je vous donnerai aussitôt, pour mon propre compte, une garantie aussi étendue que l'est ma franchise perpétuelle. Vous savez quelle mesure d'influence j'ai sur cette classe d'hommes, je veux dire les patriotes. Je l'emploierai à les convaincre que si vous êtes peuple, ils doivent ne faire qu'un avec vous.

Il ne serait pas si malheureux que l'effet de cette simple lettre fût de pacifier l'intérieur de la France, en prévenant l'éclat de l'affaire dont elle est le sujet. Ne préviendrait-on pas en même temps ce qui s'opposerait au calme de l'Europe ?

Signé : G. BABEUF.

OPINION DE FRÉDÉRIC BASTIAT

SUR LE DROIT AU TRAVAIL.

LETTRE ÉCRITE EN 1848 A M. JOSEPH GARNIER
AUTEUR D'UN RECUEIL D'OPINIONS SUR CETTE QUESTION.

Si l'on entendait par *droit au travail* le droit de travailler (qui implique le droit de jouir du fruit de son travail), il ne saurait y avoir de doute. Quant à moi, je ne crois pas avoir jamais écrit deux lignes qui n'aient eu pour but de le défendre.

Mais par droit au travail on entend le droit qu'aurait l'individu d'exiger de l'Etat, et par force, au besoin, de l'ouvrage et un salaire. Sous aucun rapport cette thèse bizarre ne me semble pouvoir supporter l'examen.

D'abord, l'Etat a-t-il des droits et des devoirs autres que ceux qui préexistent déjà dans les citoyens? J'ai toujours pensé que sa mission était de protéger les droits existants. Par exemple, même abstraction faite de l'Etat, j'ai le droit de travailler, de disposer du fruit de mon travail. Mes compatriotes ont des droits égaux, et nous avons, en outre, celui de les défendre, même par la force. Voilà pourquoi la *communauté*, la *force commune*, l'Etat peut et doit nous protéger dans l'exercice de ces droits. C'est l'action collective et régulière substituée à l'action individuelle et désordonnée, et celle-ci est la raison d'être de celle-là.

Mais ai-je le droit d'exiger par force d'un de mes concitoyens qu'il me fournisse de l'ouvrage et des salaires?

Ce droit serait évidemment distinct de son droit de propriété. Et si je ne l'ai pas ; si aucun des citoyens qui composent la communauté ne l'a pas davantage, comment lui donnerons-nous naissance en l'exerçant les uns à l'égard des autres par l'intermédiaire de l'Etat? Quoi! Pierre n'a pas le droit d'exiger par force que Paul lui fournisse du travail et des salaires ; mais si tous deux, à frais communs, instituent une force commune, Pierre a le droit d'invoquer cette force, de la tourner contre Paul, afin que celui-ci soit forcé de lui fournir de l'ouvrage ! Par la création de cette force *commune*, le droit au travail est né pour Pierre et le droit de propriété est mort pour Paul : quelle confusion! quelle logomachie!

Ensuite, il faut qu'on soit parvenu à pervertir singulièrement l'esprit des ouvriers pour leur faire croire que ce prétendu droit leur offre quelque ressource et quelques garanties. On leur montre toujours l'Etat comme un père de famille, un tuteur qui a des trésors inépuisables et à qui il ne manque qu'un peu de générosité! N'est-il pas bien évident cependant que si l'Etat, afin de faire travailler Pierre, prend 100 francs à Paul, Paul aura 100 francs de moins pour faire travailler Jacques ? Les choses se passeront exactement comme si Pierre eût exercé directement à l'égard de Paul ce prétendu droit, ou plutôt cette oppression. L'intervention de l'Etat aura pu être commode pour vaincre les résistances; elle peut même rendre le droit d'oppression spécieux et faire taire la conscience ; mais elle ne change pas la nature des choses. La propriété de Paul n'en a pas moins été violée, et s'il y a quelque chose de clair au monde, c'est que la classe ouvrière prise dans son ensemble n'aura pas plus d'ouvrage pour la valeur d'une obole. C'est vraiment une chose triste que les hommes d'intelligence en soient réduits, au xixe siècle, à combattre cette puérilité qui nous fait tenir les yeux toujours ouverts à l'ouvrage que l'Etat distribue avec l'argent des contribuables, et toujours fermés à l'ouvrage que les contribuables distribueraient eux-mêmes si l'Etat ne leur eut pas pris cet argent!

Enfin, quand les ouvriers voudront y réfléchir, ils s'apercevront que le *droit au travail* serait pour eux l'inauguration de la misère. L'existence de ce droit a pour correctif nécessaire la non-existence du droit de propriété. Pour s'en convaincre, il suffit de faire abstraction un instant de l'intervention de l'État, et de se demander ce qui arriverait si nous exercions directement ce prétendu droit les uns envers les autres; il est bien clair que la notion même de la propriété serait anéantie. Or, sans propriété il n'y a pas de formation possible de capital, et sans formation de capital il n'y a pas d'ouvrage possible pour les ouvriers. Le droit au travail, c'est donc, en résumé, la misère universelle poussée jusqu'à la destruction. Le jour où on l'a seulement mis en discussion, le travail a diminué pour les ouvriers dans une proportion énorme; le jour où il serait promulgué, il n'y aurait plus de travail que pendant le court espace de temps nécessaire pour que l'État pût consommer la destruction de tous les capitaux!

Signé Frédéric Bastiat.

DOCTRINE DE PIERRE LEROUX

SUR L'ÉGALITÉ.

Égalité, page 58 et suivantes.

De quelque côté que l'on se tourne, il semble que l'on va saisir l'égalité. Fausse apparence! mirage trompeur! C'est l'inégalité qu'on embrasse... Il y a véritablement deux hommes dans chacun de nous, deux tendances. Les deux partis politiques qui nous divisent ne sont que l'image de ce qui se passe dans chacun de nous. Nos discordes civiles ne sont que le reflet de la discorde intérieure de notre âme. Il y a deux hommes en nous, il y a l'avenir, il y a le passé ; il y a l'homme de la loi d'égalité et l'homme de la loi de servitude. Notre âme, notre raison, ne comprend comme idéal que l'égalité ; mais notre vie pratique ne réalise qu'inégalité ; et nos yeux ne voient pas autre chose... C'est que nous sommes entre deux mondes, entre un monde d'inégalité qui finit, et un monde d'égalité qui commence.

Quel principe triomphera et se réalisera dans la pratique? Est-ce l'égalité ou l'inégalité? Si c'est l'inégalité, replongez-nous vite dans la nuit des siècles écoulés avant que cet idéal nous ait apparu. Si c'est l'égalité, marchez donc à la réalisation de cet idéal.

Voilà le problème. Il y a ici la question d'Hamlet, la question du passage d'une vie à une autre, la question de la mort et de la résurection, *to be or not to be.*

NOTES JUSTIFICATIVES.

Quoi qu'on puisse penser du résultat futur de cette situation du monde, personne du moins ne peut se refuser à cette évidence et à cette conclusion, que la société actuelle, sous quelque rapport qu'on la considère, n'a d'autre base que l'idée de l'égalité. Si elle n'a pas cette base-là, il faut déclarer qu'elle n'en a aucune.

Croire qu'il ait suffi d'introduire l'égalité dans le code pénal, dans le code civil, et même dans la politique, c'est folie. L'égalité est une idée, une croyance qui a déjà réalisé certaines conséquences, et qui pourra bien en réaliser d'autres. C'est un principe aujourd'hui reconnu par l'esprit humain : les applications n'en sont limitées que par notre ignorance. Le temps se chargera de le développer. Ne confondez pas le droit avec sa limite actuelle. Le droit, cette virtualité infinie qui résulte du caractère d'homme et du caractère de citoyen, aura toujours des restrictions et des limites ; mais il y en aura de légitimes et d'illégitimes, de raisonnables et de non fondées en raison.

Il faut être aveugle pour s'imaginer que notre société actuelle, si souffrante et si pleine de fléaux, a découvert les bornes d'Hercule de la justice, le *nec plus ultra* de l'équité; il faut avoir un triple bandeau pour oser dire que toutes les applications d'un principe aussi nouveau dans le monde que l'égalité sont faites ; et, d'un autre côté, il n'y a qu'un insensé qui puisse croire que les conséquences de ce principe pourront être vaincues par la violence ou escamotées par la ruse.

www.ingramcontent.com/pod-product-compliance
Lightning Source LLC
Chambersburg PA
CBHW071315110426
42743CB00042B/2355